Susanne Pypke

44 Do-it-yourself-Ideen für Raum- und Tischdeko

in der Seniorenarbeit

Gemeinsam basteln und dekorieren

Verlag an der Ruhr

Impressum

Titel

44 Do-it-yourself-Ideen für Raum- und Tischdeko in der Seniorenarbeit
Gemeinsam basteln und dekorieren

Autorin

Susanne Pypke

Umschlagmotive

Motive © Susanne Pypke, Hintergrund „Stoff" © jakkapan – stock.adobe.com

Abbildungen

s. Bildnachweis auf S. 144

Druck

mediaprint solutions GmbH, Paderborn, DE

Verlag an der Ruhr

Mülheim an der Ruhr
www.verlagruhr.de

ISBN 978-3-8346-4261-5

Inhalt

44 Do-it-yourself-Ideen

Inhaltsverzeichnis

Vorwort

*Liebe Leser*innen,*

Basteln, Kreativsein, Selbermachen, das sind Dinge, die uns immer begeistern, egal wie alt wir sind. Besonders für ältere Menschen ist es ein tolles Erlebnis. Gemeinsames Basteln und Dekorieren bringt Abwechslung in ihren Alltag.
Die Erfahrung, mit den eigenen Händen etwas zu tun, spricht sie mit allen Sinnen an. Und wenn sie dann ihr fertiges Werk betrachten, dürfen sie zurecht stolz darauf sein.
Das Basteln bietet viele Aktivierungsmöglichkeiten. **Papierfalten** bringt die Gehirnzellen auf Trab, das **Gestalten mit Blumen** lässt viel Freiraum für Fantasie, das Arbeiten mit Naturmaterialien macht den Jahreslauf erlebbar, das **Wickeln von Pompons** weckt Erinnerungen an die Kindheit oder die gemeinsame Zeit mit den eigenen Kindern. Und nicht zuletzt können mit den selbst gemachten Dekorationen die Fenster und Räume geschmückt und gestaltet werden, was den Senior*innen **aktive Teilhabe** ermöglicht.

Als Kreativ-Autorin liegt es mir besonders am Herzen, für Menschen jeden Alters passende Bastelideen zu entwickeln. Die besondere Herausforderung bei Senior*innen besteht darin, einfache Arbeiten zu finden, die dennoch schön sind und erwachsen wirken. Denn nur weil die Hände durch motorische Einschränkungen vielleicht nicht mehr ganz so einsatzfähig wie in jüngeren Lebensjahren sind, heißt das noch lange nicht, dass keine ansprechenden Dinge mehr gemacht werden können!
Meine Erfahrung ziehe ich aus meinen Erlebnissen mit meiner Großmutter. Sie war eine sehr geschickte Handarbeiterin, die die schönsten Puppenkleider stricken und die feinsten Motive sticken konnte. Aber mit dem Alter verlor sie die Freude daran, weil die Augen immer schwächer und die Hände immer steifer wurden. Irgendwann kam der Punkt, an dem die Herausforderungen wieder kleiner werden mussten. Die Nadeln hat sie zur Seite gelegt, aber das Basteln und Gestalten haben ihr weiterhin große Freude gemacht. Wenn ihr ein Motiv zu kniffelig und filigran war, hat sie es einfach abgeändert.

Vorwort

Ich habe viel von meiner Großmutter gelernt, aber auch von meinen Kindern. Denn es macht keinen Unterschied, ob man mit jungen oder mit alten Händen bastelt. Beide sind oft etwas in der Beweglichkeit eingeschränkt. Die Kunst besteht bei Jung und Alt gleichermaßen darin, niemanden beim Basteln zu über- oder zu unterfordern. Damit Freude am Tun entsteht, braucht man Geduld, das richtige Maß der Herausforderung und das richtige Bastelprojekt.

Ich hoffe, mir ist mit den **44 Do-it-yourself-Ideen** in diesem Buch eine schöne Mischung für eine stilvolle Raum- und Tischdeko gelungen, die für jede Jahreszeit passende Projekte zum gemeinsamen Basteln und Dekorieren mit Senior*innen bereithält.

Ich wünsche viel Spaß beim Basteln, Kreativsein und Selbermachen!

Susanne Pypke

HINWEIS
Der Verlag an der Ruhr legt großen Wert auf eine geschlechtergerechte und inklusive Sprache. Daher nutzen wir bevorzugt das Gendersternchen, um sowohl männliche und weibliche als auch nichtbinäre Geschlechtsidentitäten einzuschließen. Alternativ verwenden wir neutrale Formulierungen.

Aufbau des Buches

Dieses Buch enthält 44 Bastelideen für **Frühling, Sommer, Herbst, Winter** und **rund ums Jahr**. In den fünf Kapiteln finden sich Dekorationen für den Tisch, fürs Fenster oder die Eingangstür. Sie können an Zweige gehängt oder aufgestellt werden. Viele Bastelideen sind außerdem als kleines Geschenk geeignet.

Die **Techniken** sind vielfältig. Es wird mit Papier, Wolle, Filz und Naturmaterial gearbeitet, aber auch Salzteig, Recyclingmaterial und Alltagsgegenstände kommen zum Einsatz. Dabei wird u. a. gefaltet, gefädelt, geschnitten, gewickelt, gemalt und geklebt. Unterschiedliche Schwierigkeitsgrade garantieren, dass in dieser bunten Mischung alle fündig werden – auch Menschen mit kognitiven oder motorischen Einschränkungen.

Bei einigen Modellen finden Sie Vorschläge für **Variationen**. Diese sollen zeigen, wie sich einzelne Bastelideen abwandeln lassen, damit sie beispielsweise noch einfacher nachgebastelt werden können. Lassen Sie sich davon inspirieren. Sie müssen sich nicht strikt an die Angaben im Buch halten. Die Varianten sollen Sie dazu ermutigen, auch andere Bastelideen an den Geschmack, an die Bedürfnisse, Vorlieben und Fähigkeiten Ihrer Bastelgruppe anzupassen. Variieren Sie die Materialien, die Technik oder die Motive. Verfeinern Sie die Idee oder vereinfachen Sie sie. Wenn Sie dabei Ihre Gruppe fest im Blick haben, werden Sie ganz sicher viele neue Ideen haben, die Ihnen und Ihren Teilnehmenden viel Freude bereiten.

Frühling Sommer Herbst Winter Rund ums Jahr

Die Materialien und der Arbeitsplatz

Bei den Bastelideen für dieses Buch wurde darauf geachtet, dass möglichst **einfache, leicht zu beschaffende, kostengünstige und ungefährliche Materialien** zum Einsatz kommen. So können Sie sich ganz auf das Wesentliche konzentrieren und Ihre Zeit und Energie auf das Basteln und Werkeln mit den Senior*innen verwenden – anstatt sie mit langen Vorbereitungen und aufwändigen Besorgungen zu verbringen.

Papier, Bastelfilz, Stoff, Bänder und Wolle sind leicht zu finden und kostengünstig. Eierkartons, Papprollen, leere Gläser und Naturmaterialien lassen sich einfach und unkompliziert sammeln. Und bedenken Sie auch immer, dass Sie Materialien variieren können. Seidenpapier kann Stoff ersetzen, Papierstreifen oder Garn können oft statt Bändern verwendet werden, festes Papier statt Filz. Bei den einzelnen Bastelideen finden Sie immer wieder auch Hinweise, welche Materialien alternativ zum Einsatz kommen können.

Die Gestaltung des Arbeitsplatzes hängt natürlich von den räumlichen Möglichkeiten ab. Achten Sie darauf, dass die Teilnehmenden genügend Platz haben, um sich beim Basteln ungestört entfalten zu können. Gleichzeitig sollten die Teilnehmenden aber auch gut die gemeinschaftlich genutzten Werkzeuge und Materialien erreichen können. Dabei kann es helfen, wenn Sie ein Auge auf diese Werkzeuge und Materialien haben und diese von Zeit zu Zeit wieder an ihren Platz zurücklegen oder weiterreichen.

HINWEIS
Bedenken Sie, dass Sie ggf. bei einzelnen Arbeitsschritten helfend zur Hand gehen müssen. Auch dafür sollte genügend Platz sein.

Den Arbeitsplatz einrichten

Damit das Basteln Freude macht und entspannt abläuft, können Sie im Vorfeld bei der Gestaltung des Arbeitsplatzes ein paar Vorbereitungen treffen.

Entfernen Sie z. B. **empfindliche Gegenstände** aus dem Bastelbereich oder decken Sie diese mit Packpapier oder Folie (z. B. feste Malerfolie aus dem Baumarkt) ab.

Auch den **Arbeitstisch** schützen Sie am besten mit Packpapier oder Folie. Optimal ist es, wenn sich die Farbe des Untergrunds von den Farben des Bastelmaterials abhebt bzw. einen Kontrast bildet. Weißes Papier auf weißem Untergrund ist für viele ältere Menschen z. B. nur schwer erkenn- bzw. unterscheidbar.

Die Materialien und der Arbeitsplatz

Legen Sie die **Materialien, Werkzeuge und Hilfsmittel** für das Bastelprojekt bereit und überlegen Sie, wie viel jeweils benötigt wird. Reicht eine Schere oder brauchen alle eine eigene? Kann der Klebstoff geteilt werden? Wählen alle ihr Material selbst oder teile ich es aus? Wie viele Schablonen brauche ich für die Gruppe?

Sofern **Farbe oder flüssiger Klebstoff** zum Einsatz kommen, empfiehlt es sich, ausreichend alte Tücher zur Hand zu haben, falls ein Malheur passiert. Mit **Feucht- oder Küchentüchern** können zwischendurch schmutzige Hände gereinigt werden.

Für die Farben empfehlen sich **Pappteller** als Malpalette. Hierauf können die benötigten Farben angeboten und gemischt werden. So müssen Sie nicht mehrere Farbflaschen anschaffen und die Teilnehmenden können sich die Farbe leicht teilen. Außerdem lässt sich die Farbe vom Teller sehr gut mit dem Pinsel aufnehmen und dosieren. In einem **Wasserglas** können die Pinsel zwischendurch ausgewaschen werden. Achten Sie darauf, dass das Glas möglichst flach ist und gut steht. Dann ist die Wahrscheinlichkeit geringer, dass es versehentlich umgestoßen wird.

TIPPS

- Kleine Teile, wie Perlen, Pompons oder Knöpfe, können in **flachen Schälchen** angeboten werden. Dafür eignet sich eine alte Muffinbackform aus Metall prima!
- **Acrylfarbe** ist gut deckend und darum besonders beliebt als Bastelfarbe. Eine gute Alternative und deutlich günstiger im Preis ist **Abtönfarbe** aus dem Baumarkt. Außerdem ist sie geruchs- und schadstoffarm. Bei Menschen mit Demenz empfiehlt sich spezielle **Kinder-Bastelfarbe**, da sie gesundheitlich unbedenklich ist.
- Zum Kleben eignet sich am besten herkömmlicher **Alleskleber**. Er wellt das Papier nicht und wird schnell fest. Allerdings enthält er Lösungsmittel. Wenn dieser Punkt wichtig ist, sollte besser eine Alternative ohne Lösungsmittel verwendet werden.

Aufbau der Do-it-yourself-Anleitungen

Alle Anleitungen in diesem Buch bestehen aus den gleichen Bausteinen.

- Im ersten Punkt werden die **Techniken** genannt, die überwiegend bei der Bastelidee zum Einsatz kommen.
- Im Anschluss erhalten Sie eine Angabe zum **Schwierigkeitsgrad** (sehr einfach – einfach – mittel – schwer) und zur **Gruppengröße**. Bitte beachten Sie, dass das nur Orientierungswerte sind, die je nach Zusammensetzung der Gruppe angepasst werden müssen. Menschen mit Demenz sollten immer in möglichst kleinen Gruppen arbeiten und brauchen mehr Unterstützung und Begleitung.
- Unter der Rubrik **Thema** erhalten Sie jeweils eine Kurzbeschreibung des Projekts. Was wird gemacht, was ist das Besondere, was kann man mit dem gebastelten Werk tun? Diese Fragen werden hier kurz beantwortet.
- Bei den meisten Bastelanleitungen finden Sie außerdem unter **Vorbereitungen**, was Sie im Vorfeld tun können oder erledigen sollten.
- Die **Materialien und Werkzeuge** sind unterteilt nach Teilnehmenden und Betreuungskräften. Bei den Teilnehmenden steht, was jede einzelne Person bekommen sollte – manche Werkzeuge können aber auch geteilt werden. Dies sollten Sie bei der Vorbereitung immer berücksichtigen und für jedes einzelne Bastelprojekt abschätzen. Unter dem Punkt „für die Betreuungskraft“ steht, was zusätzlich benötigt wird – z. B. für die Vorbereitung oder für schwierige Arbeitsschritte, die von Ihnen ausgeführt werden sollten.
- Zuletzt folgt die **Anleitung**. Sie wird oft mit Schrittfotografien ergänzt, damit das Nacharbeiten leichter gelingt. Außerdem gibt es hilfreiche Tipps, Hinweise und Vorschläge für Varianten. Je nach Projekt werden hier alternative Materialien, Vorgehensweisen oder Verwendungen genannt.

HINWEIS
Eine Übersicht aller **Kopiervorlagen** im Buch finden Sie auf den Seiten 141–144. Unter dem dort notierten Link können Sie die Kopiervorlagen in Originalgröße kostenlos auf der Webseite des Verlags an der Ruhr abrufen und ausdrucken.

Wichtige Hinweise zur Methodik

Ihre Rolle als Gruppenleitung

- Die Gruppe sollte nur so groß sein, dass Sie und Ihre Teilnehmenden sich **wohlfühlen**. Manche Bastelideen können in großer Runde durchgeführt werden, meist ist aber eine kleine Gruppe von Vorteil, da Sie die Teilnehmenden dann enger anleiten und begleiten können. Wenn Sie die Gruppengröße nicht beschränken möchten oder können, sollten Sie sich Unterstützung holen. Vielleicht können Sie die Angehörigen der Teilnehmenden dafür gewinnen. Gehen Sie auf Interessierte zu oder versuchen Sie es mit einem Aushang am Schwarzen Brett.
- Wer nimmt an der Bastelrunde teil? Welche Vorlieben haben die Teilnehmenden? Wie viel Hilfe werden sie bei den einzelnen Schritten benötigen? Suchen Sie die Projekte danach aus oder passen Sie sie an, sodass jede Person mitmachen kann. Das Basteln soll **allen Freude** machen und niemanden überfordern.
- Berücksichtigen Sie, dass Sie mit Menschen basteln, die zum Teil Beeinträchtigungen haben. Sprechen Sie immer **laut und deutlich** und achten Sie darauf, ob Sie verstanden werden. **Mit- bzw. Vorbasteln** ist oft sehr hilfreich, weil die Teilnehmenden dann sehen, was zu tun ist. Wenn die feinmotorischen Fähigkeiten eingeschränkt sind, sollten Sie dies durch **besonders einfache Bastelprojekte** ausgleichen. Denn ein Projekt, das nicht zu Ende gebracht werden kann, ist frustrierend und wird als Scheitern empfunden. Stapeln Sie lieber tief. Beginnen Sie mit sehr einfachen Projekten und steigern Sie dann das Niveau, wenn die Gruppe fit genug ist.
- **Selbstständiges Arbeiten** ist für die Teilnehmenden sehr wichtig, um noch bestehende Kompetenzen und Fertigkeiten zu fördern und zu erhalten. Es stärkt außerdem das Selbstbewusstsein. Gehen Sie aber zur Hand, wann immer es Schwierigkeiten gibt oder Ihre Hilfe benötigt wird. Am besten gehen Sie als Coach*in von Tisch zu Tisch oder stellen Sie – falls möglich – für jede Kleingruppe eine Betreuungskraft ab.
- **Gefährliche Bastelschritte** übernehmen Sie selbst. Dazu gehört z. B. das Kleben mit der Heißklebepistole oder das Schneiden mit einem scharfen Messer.

HINWEIS
Achten Sie darauf, gefährliche Werkzeuge, wie z. B. eine Heißklebepistole oder ein scharfes Messer, sicher zu verwahren oder außerhalb der Reichweite von Menschen mit Demenz zu platzieren.

Regeln fürs gemeinsame Basteln

- Stellen Sie Ihrer Gruppe das geplante Projekt vor. Am besten bringen Sie ein **fertiges Modell** mit.
- Zeigen Sie der Gruppe die einzelnen **Bastelschritte** – einen nach dem anderen. Leiten Sie an und machen Sie vor, was zu tun ist.
- Haben Sie Geduld und gehen Sie in **kleinen Schritten** vor, so kommen alle mit.
- Überlegen Sie bei Gruppenarbeiten im Vorfeld, wer zusammenarbeiten soll.
- Vereinbaren Sie ein **akustisches Signal** (z. B. ein Glöckchen), mit dem Sie um Aufmerksamkeit bzw. Ruhe bitten, wenn Sie etwas erklären möchten.
- Auch **Ordnung** muss sein. Lassen Sie der Gruppe Zeit, um Bastelreste wegzuräumen oder den Arbeitsplatz bzw. die Hände sauber zu machen.
- Geselligkeit beim Basteln ist etwas sehr Schönes. Die **Gesprächslautstärke** sollte aber nicht zu hoch sein, damit konzentriert gearbeitet werden kann.

Menschen mit Demenz

- Viele Bastelideen sind auch für **Menschen mit Demenz** geeignet. Es gibt aber keine generelle Empfehlung. Es hängt immer von der noch vorhandenen Leistungsfähigkeit der einzelnen Person ab.
- Begleiten Sie Menschen mit Demenz immer sehr eng. Unterstützen Sie und beschützen Sie vor Gefahren – z. B. vor Werkzeugen und Hilfsmitteln, die ein mögliches Unfall- oder Verletzungsrisiko bergen. Achten Sie insbesondere darauf, dass **keine Pinsel, Farben, Klebstoffe oder Lacke** in den Mund genommen werden.
- Wenn einer Person mit Demenz beim Basteln etwas nicht gelingt, kann sie **wütend oder traurig** reagieren. Gehen Sie auf sie ein, benennen Sie das Gefühl und schlagen Sie vor, etwas zu tun, das die Person gern mag.
- Materialien und Techniken mit einem **biografischen Bezug** eignen sich besonders für Menschen mit Demenz. Das können z. B. Pompons aus Wolle, Faltschiffchen, Salzteig, Tortenspitze oder Naturmaterialien sein.

TIPP

Integrieren Sie auch Personen, die gar nicht mehr basteln können. Das gesellige Beisammensein beim Basteln ist auch so eine willkommene Abwechslung im Alltag.

Die Grundausstattung fürs Basteln

Neben dem speziellen Bastelmaterial, das für die einzelnen Bastelprojekte benötigt wird, gibt es eine Reihe an Dingen, die Sie bei den meisten Arbeiten brauchen und darum **immer zur Hand** haben sollten:

- Packpapier oder feste Malerfolie zum Schutz des Arbeitsplatzes und der Umgebung,
- Malerkrepp oder Klebeband zum Anbringen des Packpapiers oder der Folie,
- Schürzen oder alte Hemden zum Schutz der Kleidung (auf freiwilliger Basis),
- alte Geschirrtücher, Küchenrolle oder Feuchttücher zum Aufwischen, Abtrocknen und Reinigen,
- Gläser oder kleine Schalen mit Wasser zum Reinigen der Pinsel,
- Pinsel in verschiedenen Größen,
- Bleistift, Radiergummi und Anspitzer,
- dünne Pappe für Schablonen,
- Bastelscheren mit runder Spitze (geringere Verletzungsgefahr),
- Klebestifte, Flüssigkleber, Klebefilm,
- Lineal, Maßband oder Geometriedreieck,
- Wäscheklammern, um einzelne Teile beim Trocknen des Klebstoffs zu fixieren,
- Nadel und Faden zum Anbringen von Aufhängern.

Seite 25
Seite 38

Frühling

1 Tulpengirlande

Technik
Schneiden, Lochen, Fädeln, Knoten

Schwierigkeitsgrad
sehr einfach

Gruppengröße
10 Personen

Thema Aus buntem Papier werden Blütengirlanden gefertigt, die am Fenster, an der Tür oder an der Wand aufgehängt werden können. Die Teilnehmenden können auch gemeinsam eine große Girlande gestalten.

Vorbereitung Fertigen Sie mithilfe der Vorlage (siehe Seite 141 ff.) Pappschablonen der Blüten an, am besten für jede Person eine. Alternativ können Sie die Tulpen bereits auf dem Motivkarton anzeichnen, sodass die Teilnehmenden sie nur noch ausschneiden müssen.

*Materialien und Werkzeuge pro Teilnehmer*in*

- Motivkarton, A4
- Wolle in Hellgrün
- Bleistift
- Schere
- Bürolocher

So geht's

1. Die Teilnehmenden zeichnen die einzelnen Tulpen mithilfe der Pappschablonen auf dem Motivkarton an und schneiden sie mit der Schere aus. Je länger die Girlande werden soll, desto mehr Tulpen werden benötigt.
2. Nun werden die Tulpen gelocht. Das gelingt leichter, wenn dazu rechts und links sowie an der unteren Mitte eine kleine Markierung angezeichnet wird. Hier können Sie den Teilnehmenden zur Hand gehen.
3. Zum Lochen den Bürolocher umdrehen, die Abdeckung entfernen und die Tulpe so in den Locher schieben, dass die Markierung in der runden Stanzöffnung zu sehen ist. Auf diese Weise alle Löcher ausstanzen.
4. Für jede Blüte ein 50 cm langes Stück von der Wolle abschneiden. Die Teilnehmenden können die Wolle dazu an einem bereits abgeschnittenen Faden abmessen.
5. Die Wolle doppelt legen, mit der Schlaufe durch das Loch in der unteren Mitte der Tulpe fädeln und die losen Enden durch die Schlaufe ziehen.
6. Die einzelnen Tulpen auf ein langes Stück Wolle fädeln. Dabei darauf achten, dass alle Blüten gleich aufgefädelt werden.

Step 3

2 Edle Ostereier

Technik
Malen, Schneiden, Kleben

Schwierigkeitsgrad
mittel

Gruppengröße
8 Personen

Thema

Ausgeblasene Hühnereier werden mit Farbe grundiert und anschließend mit zarten Serviettenmotiven gestaltet. Mit den Eiern kann anschließend gemeinsam ein Osterstrauß geschmückt werden. Auch in einem Korb oder kleinen Nest sehen sie sehr schön aus.

Vorbereitung

Bohren Sie oben und unten mit einem Kreuzschlitz-Schraubenzieher ein Loch in die Eier, zerstechen Sie das Eidotter und pusten Sie die Eier aus. Die Eier gut mit Wasser und Spülmittel reinigen und trocknen lassen. Den Eierstempel können Sie mit Essig entfernen.

*Materialien und Werkzeuge pro Teilnehmer*in*

- ausgeblasene und gereinigte Hühnereier
- Acrylfarbe in Pastelltönen
- Pinsel
- pro Ei 1 Schaschlikspieß
- pro Ei 2 kleine Haushaltsgummis
- Serviette mit Frühlingsmotiven
- Schere
- Bastelkleber (Weißleim), leicht mit Wasser verdünnt
- leerer Eierkarton

So geht's

1. Zuerst werden die Eier auf die Schaschlikspieße gesteckt und unten und oben mit einem Gummi gesichert, damit sie nicht runterrutschen können. Gehen Sie den Teilnehmenden dabei etwas zur Hand.
2. Jetzt werden die Eier bunt angemalt – am besten in der Farbe der Servietten. Anschließend stecken die Teilnehmenden die Eier mit den Schaschlikspießen zum Trocknen in den leeren Eierkarton.

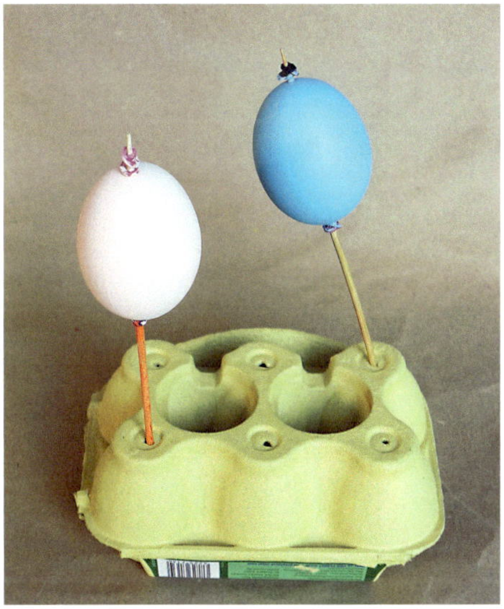

Step 2

3. In der Zwischenzeit ziehen die Teilnehmenden die obere, bedruckte Lage der Serviette ab. Helfen Sie hierbei etwas, indem Sie die obere Lage am Rand etwas ablösen.
4. Nun werden die gewünschten Motive aus der oberen Serviettenlage ausgeschnitten. Je knapper und exakter, desto besser.
5. Nun das Ei mit dem verdünnten Klebstoff bestreichen und mit den Serviettenmotiven belegen. Die Motive mit dem Pinsel und etwas Klebstoff flach aufstreichen und noch einmal trocknen lassen.

TIPP

Sie können auch Kunststoff-Eier verwenden. Dann oben und unten mit einer heißen Nadel ein Loch in das Ei schmelzen, damit Sie es auf den Schaschlikspieß stecken können.

3 Kleine Osterhasen

Technik
Falten, Wickeln, Schneiden, Kleben

Schwierigkeitsgrad
einfach

Gruppengröße
8 Personen

Thema

Aus Packpapier werden feste Papierstreifen gefertigt, die anschließend zu Kreisen aufgedreht werden. Aus den Kreisen entstehen dekorative Hasen. Eine schöner Schmuck für den Tisch oder die Fensterbank.

Vorbereitung

Schneiden Sie für jede teilnehmende Person sieben Packpapierstreifen zu – je 6 cm breit und 70 cm lang. Für den Bauchfleck und die Ohren fertigen Sie aus dünner Pappe mithilfe der Vorlage (⇩ siehe Seite 141 ff.) Schablonen an.

*Materialien und Werkzeuge pro Teilnehmer*in*

- 7 Packpapierstreifen, 6 cm breit, 70 cm lang
- Bastelkleber
- Tonkarton in Weiß
- Bleistift
- Schere

So geht's

1. Zuerst werden die Papierstreifen gefaltet, damit sie fester und schmaler werden. Dazu schlagen die Teilnehmenden nacheinander die Längskanten etwa 2 cm weit ein. Die fertigen Streifen sind ca. 2 cm breit und 70 cm lang.
2. Den ersten Streifen aufrollen und das Ende mit etwas Klebstoff sichern. Dann den nächsten Streifen mit Klebstoff ansetzen und aufrollen. Das Ende wieder mit Klebstoff sichern. So fortfahren, bis insgesamt vier Streifen aufgerollt sind. Dann ist der Hasenkörper fertig.
3. Den zweiten Kreis für den Kopf fertigen die Teilnehmenden auf die gleiche Weise. Er wird aus den übrigen drei Streifen aufgerollt.
4. Kopf und Körper aneinanderkleben. Damit der Hase gut steht, die untere Seite des Körpers etwas flach drücken. Hier können Sie bei Bedarf etwas helfen.
5. Zuletzt werden aus dem weißen Tonkarton der Kreis für den Bauchfleck und die beiden Ohren ausgeschnitten. Dazu die Teile mithilfe der Schablonen anzeichnen. Den Bauchfleck von vorn, die Ohren von hinten an den Hasen kleben.

TIPP

Die Hasen können auch aus Bastelfilz gefertigt werden. Dazu einfach 2 cm breite Streifen zuschneiden. Die Kanten müssen beim Filz nicht eingeschlagen werden.

4 Filigrane Vögelchen

Technik
Schneiden, Falten, Lochen, Kleben

Schwierigkeitsgrad
einfach

Gruppengröße
10 Personen

Thema

Aus Papier wird die Silhouette eines Vogels ausgeschnitten. Anschließend werden aus zartem Seidenpapier Flügel gefaltet und eingesteckt. Die Vögel sind eine schöne Dekoration fürs Fenster. Sie wirken aber auch sehr schön an einem Strauß aus großen Zweigen.

Vorbereitung

Schneiden Sie für jede teilnehmende Person das Seidenpapier für die Flügel zu (12 cm × 24 cm) und fertigen Sie mithilfe der Vorlage (siehe Seite 141 ff.) ausreichend Pappschablonen für den Vogelkörper an.

*Materialien und Werkzeuge pro Teilnehmer*in*

- Motiv- oder Tonkarton, A5 (beidseitig bedruckt)
- Seidenpapier, 12 cm × 24 cm
- Schere
- Bleistift
- Bürolocher
- Bastelkleber

Werkzeuge für die Betreuungskraft

- Bastelmesser und Schneideunterlage
- Nadel und Faden

So geht's

1. Die Teilnehmenden zeichnen mithilfe der Schablone den Vogelkörper auf dem Motiv- oder Tonkarton an. Dabei auch die Position des Auges und der Flügel markieren.
2. Die Teilnehmenden schneiden den Vogelkörper zu und stanzen das Auge aus. Wie dies ganz einfach gelingt, können Sie auf Seite 17 unter Step 3 nachlesen. Den Schlitz für den Flügel schneiden Sie auf einer Schneideunterlage mit dem Bastelmesser in den Vogelkörper.
3. Nun fertigen die Teilnehmenden die Flügel. Dazu wird das Seidenpapier ziehharmonikaartig gefaltet. Am leichtesten gelingt dies, wenn das Papier im Hochformat auf den Arbeitstisch gelegt wird. Die untere Kante fingerbreit nach oben falten, das Papier wenden, die untere Kante wieder fingerbreit nach oben falten, wieder wenden. So fortfahren, bis das obere Ende erreicht und das gesamte Papier zu einem Stapel gefaltet ist.
4. Die schmalen Enden des Stapels können mit der Schere abgerundet werden. Dadurch sehen die Flügel noch eleganter aus. Dann wird der Stapel vorsichtig bis zur Mitte durch den Schlitz im Vogelkörper gesteckt.
5. Die Flügel auffächern und oben und unten zusammenkleben bzw. auf den Vogelkörper kleben.
6. Zuletzt bringen Sie mit der Nadel ein Stück Faden an. Schon kann der Vogel aufgehängt werden.

Variante

Teilnehmende mit motorischen Einschränkungen haben eventuell Schwierigkeiten, das Seidenpapier für die Flügel zu falten. Für diese Teilnehmenden können Sie das Modell abwandeln. Statt Flügeln aus Seidenpapier bekommt der Vogel zwei Flügel aus Motiv- oder Tonkarton. Die Vorlage hierfür steht Ihnen ebenfalls auf der Kopiervorlage zur Hauptidee zum Download zur Verfügung (siehe Seite 141 ff.).

So geht's

1. Den Vogelkörper wie zuvor beschrieben anfertigen. Allerdings entfällt der Schlitz auf der Kopiervorlage zur Hauptidee für die Flügel.
2. Dann zeichnen die Teilnehmenden mithilfe einer Schablone zwei Flügel auf farblich passendem Motiv- oder Tonkarton an und schneiden sie aus.
3. Die Flügel in der gewünschten Position auf dem Vogelkörper auflegen und mit Klebstoff aufkleben.

TIPP
Besonders schön sieht es aus, wenn die Flügel nur am Ansatz aufgeklebt werden. Das lose Flügelende etwas nach außen biegen, sodass es leicht absteht. Das lässt den Vogel lebendiger wirken.

5 Niedliche Küken

Technik
Fädeln, Schneiden, Kleben

Schwierigkeitsgrad
mittel

Gruppengröße
6 Personen

Thema

Aus Papierstreifen werden Kugeln gefertigt, die sich anschließend mit Wackelaugen und kleinen Details aus Papier in fröhliche Küken verwandeln. Die Küken können auf dem Tisch und auf der Fensterbank arrangiert oder aufgehängt werden.

Vorbereitung

Fertigen Sie mithilfe der Vorlage (siehe Seite 141 ff.) aus dünner Pappe Schablonen für die Flügel und schneiden Sie die Papierstreifen für die Kugeln zu (2 cm breit, 25 cm lang).

*Materialien und Werkzeuge pro Teilnehmer*in*

- 5 gelbe Tonpapierstreifen, 2 cm breit, 25 cm lang
- Tonpapier in Gelb
- 2 Musterbeutelklammern
- 2 Wackelaugen, ø 1 cm
- Bürolocher
- Lineal
- Bleistift
- Schere
- Klebstoff

So geht's

1. Zuerst müssen die Papierstreifen an den Enden und einmal in der Mitte gelocht werden. Helfen Sie den Teilnehmenden bei Bedarf dabei, die Mitte der Streifen mit dem Lineal zu bestimmen. Die Streifen dürfen nicht geknickt werden!
2. Die Streifen aufeinanderlegen und in der Mitte mit einer Musterbeutelklammer verbinden. Dann die Streifen im Kreis herum auffächern.

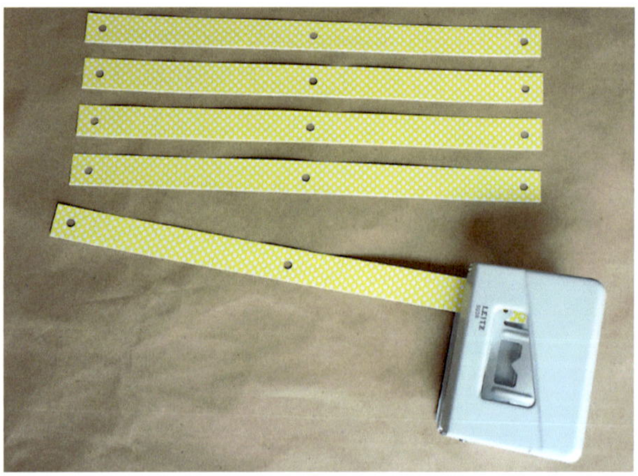

Step 1

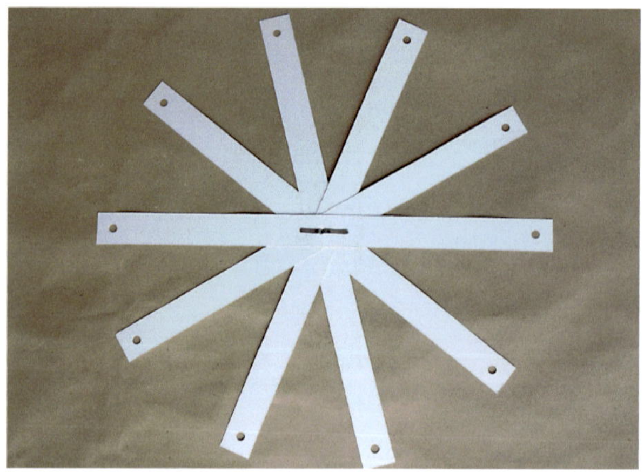

Step 2

Step 3

3. Nun die losen Enden auf die zweite Musterbeutelklammer fädeln. Dabei mit den Enden des untersten Streifens beginnen.

Step 4

4. Dann der Reihe nach fortfahren, bis alle Streifen aufgefädelt sind. Zum Schluss die Musterbeutelklammer auseinanderbiegen. Fertig ist die Kugel.

Step 5

5. Mithilfe der Schablone zwei Flügel auf dem Tonpapier anzeichnen und ausschneiden. Außerdem ein kleines Dreieck für den Schnabel ausschneiden. Die Flügel, den Schnabel und die Wackelaugen aufkleben. Fertig ist das Küken.

TIPP

Vereinfachen Sie das Bastelprojekt, indem Sie die Papierstreifen in der Mitte bereits vorab lochen. Und halten Sie ein paar Streifen auf Reserve bereit, falls mal ein Loch danebengeht.

6 Frühlingsfrische Blütenpracht

Technik
Reißen, Schneiden, Kleben, Malen, Biegen

Schwierigkeitsgrad
einfach

Gruppengröße
8 Personen

Thema

Diese Blumen sind ganz dem Thema Upcycling verschrieben: Aus Eierkartons entstehen leuchtend gelbe Narzissen, die z. B. in einer Vase auf dem Tisch aufgestellt werden können.

Vorbereitung

keine

*Materialien und Werkzeuge pro Teilnehmer*in*

- Eierkarton
- Acrylfarbe in Hell- und Dunkelgelb
- Chenilledraht (Pfeifenputzer) in Grün
- Schere
- Pinsel
- Klebstoff

So geht's

1. Aus dem Eierkarton zwei Schälchen (eine Ecke und ein Mittelstück) und eine Zacke ausbrechen. Dazu können die Teilnehmenden die Schere bei Bedarf zu Hilfe nehmen.

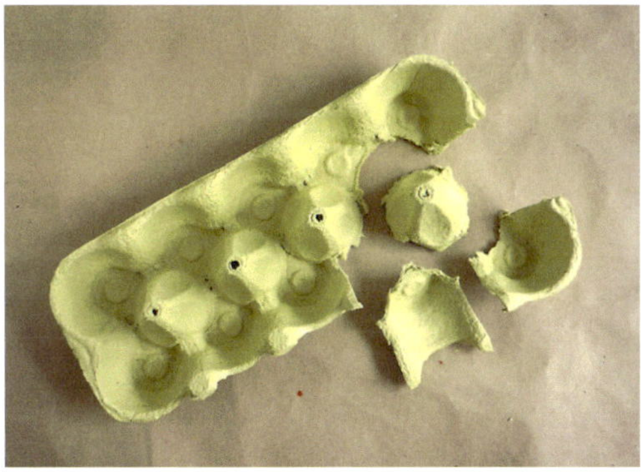

Step 1

2. Den ausgebrochenen Rand der Eierkartonzacke mit der Schere nachschneiden, sodass eine saubere Kante entsteht. Anschließend oben 2–3 cm von der Spitze der Zacke abschneiden. Die Spitze wird nicht mehr benötigt.

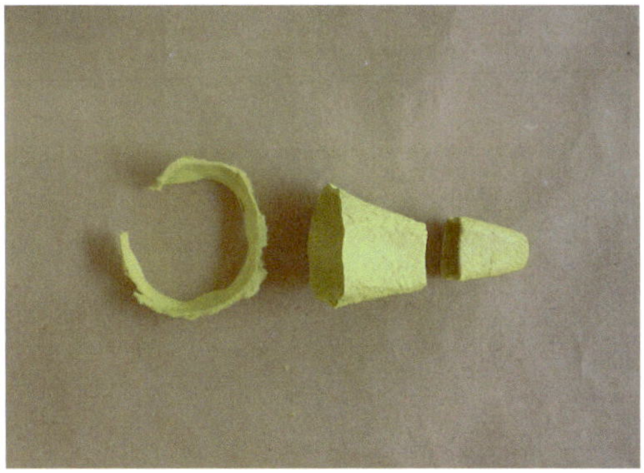

Step 2

Step 3

3. In die beiden Eierkartonschälchen Blütenblätter schneiden. Das Eckstück bekommt drei Blütenblätter, das Mittelstück zwei.

Step 4

4. Nun können die Teilnehmenden die Eierkartonteile anmalen. Die Blütenmitte (Zacke) wird dunkelgelb, die Blütenblätter (Schälchen) werden hellgelb. Darauf achten, dass alles rundum angemalt wird, auch die Schnittkanten. Trocknen lassen.

Step 5

5. Als Nächstes wird die Blüte zusammengefügt. Dazu kleben die Teilnehmenden erst die beiden Schälchen mit den Blütenblättern in der Mitte aufeinander, dann wird die Zacke mit der schmaleren Seite nach unten aufgeklebt. Trocknen lassen.

Step 6

6. Den Chenilledraht doppelt legen. Am offenen Ende nach 5 cm einen Knick machen, den Rest miteinander verdrehen, damit der Stängel stabiler wird. Ein Loch durch die Blütenmitte stechen (z. B. mit der Spitze einer Schere; diese Aufgabe können Sie aus Sicherheitsgründen übernehmen), das offene Ende durchstecken und festkleben.

Variante

Dieses Bastelprojekt lässt sich leicht vereinfachen. Dazu werden zusätzlich nur ein Stück Tonkarton in Gelb benötigt und eine Schablone für die Blütenblätter. Die Vorlage hierfür steht Ihnen zum Download bereit (siehe Seite 141 ff.).

So geht's

1. Für die Blüte nur eine Zacke aus dem Eierkarton ausbrechen und, wie zuvor beschrieben, zuschneiden und anmalen.
2. Während die Farbe trocknet, zeichnen die Teilnehmenden mithilfe der Vorlage die Blütenblätter auf dem gelben Tonkarton an und schneiden sie aus.
3. Nun wird die Blütenmitte mittig auf die Blütenblätter aufgeklebt.
4. Nach dem Trocknen wird, wie zuvor beschrieben, der Stängel aus Chenilledraht angebracht. Hierbei können Sie wieder das Durchstechen der Blütenmitte übernehmen.

TIPP
Bringen Sie echte Osterglocken zur Bastelstunde mit. Sie können als Inspiration und Vorlage dienen und werden den Bastelnden sicherlich Freude machen.

7 Papierkugeln mit Tortenspitze

Technik
Falten, Schneiden, Kleben

Schwierigkeitsgrad
sehr einfach

Gruppengröße
10 Personen

Thema

Aus hübscher Tortenspitze und fröhlich-buntem Papier werden filigrane Kugeln zum Aufhängen gebastelt.

Vorbereitung

Je nach Zusammensetzung der Gruppe können Sie Pappschablonen für die Papierkreise anfertigen, die Kreise auf dem Papier anzeichnen oder diese bereits zuschneiden. Die Kreise sollten einen Durchmesser von 6,5 cm haben.

*Materialien und Werkzeuge pro Teilnehmer*in*

- 3 Tortenspitzen, ø 10 cm
- Geschenk- oder Motivpapier
- Schere
- Bleistift
- Klebstoff
- Bindfaden, 30 cm lang

So geht's

1. Die Teilnehmenden zeichnen mithilfe der Pappschablone sechs Kreise auf dem Geschenk- oder Motivpapier an und schneiden diese anschließend aus.
2. Nun werden drei Papierkreise mittig auf die drei Tortenspitzen geklebt.
3. Die drei Tortenspitzen und die übrigen drei Papierkreise jeweils mittig falten, sodass Halbkreise entstehen. Die schöne Seite zeigt dabei jeweils nach innen.
4. Im Wechsel einen Halbkreis mit Tortenspitze und einen Halbkreis ohne Tortenspitze aufeinanderkleben, bis alle sechs Halbkreise einen Stapel bilden. Die Halbkreise sind an der geraden Kante bündig. Trocknen lassen.
5. Den obersten Halbkreis mit Klebstoff bestreichen und auf den untersten Halbkreis kleben, damit sich der Kreis schließt. Dabei den Bindfaden (doppelt gelegt) einlegen, sodass ein Aufhänger entsteht.

Step 5

8 Serviettenhase

Technik
Falten, Knoten

Schwierigkeitsgrad
schwer

Gruppengröße
6 Personen

Thema Aus einer Serviette entsteht ein kleiner Hase, mit dem die Ostertafel geschmückt werden kann. Natürlich macht er auch in einem Osternest oder auf der Fensterbank eine gute Figur.

Vorbereitung keine

*Materialien und Werkzeuge pro Teilnehmer*in*

- Serviette, mindestens 30 cm × 30 cm
- Dekoband, ca. 30 cm lang

Material für die Betreuungskraft

- Büroklammern

So geht's

1. Die Teilnehmenden legen die geöffnete Serviette vor sich auf den Tisch. Dann falten sie die untere Kante auf die obere.
2. Nun die neue untere Kante wieder auf die obere falten. Das Ergebnis ist ein breites Rechteck.

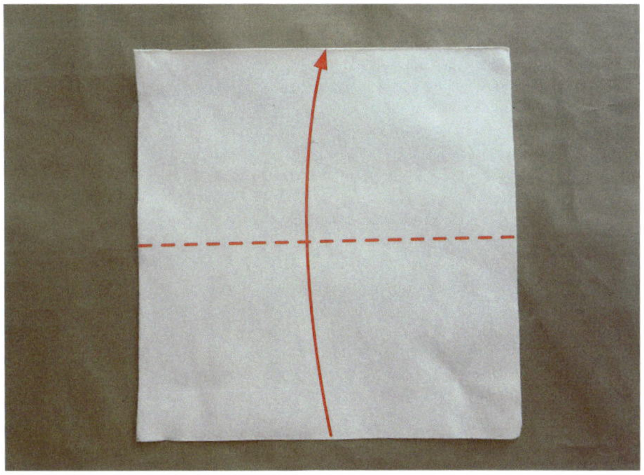

Step 1

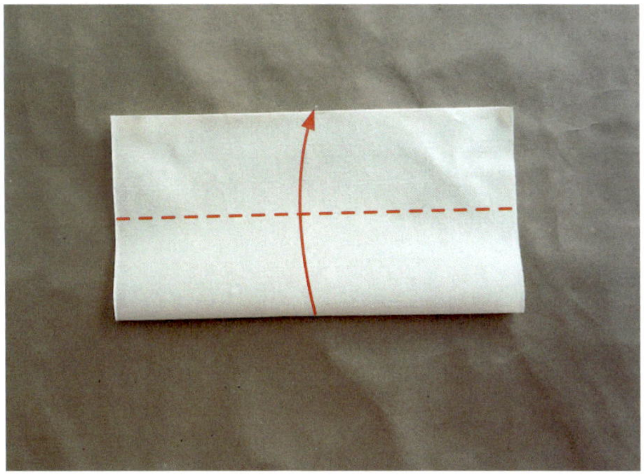

Step 2

3. Die Mitte des Rechtecks an der oberen Kante markieren, dann die rechte Hälfte an der Mitte nach unten falten.
4. Die linke Hälfte ebenso an der Mitte nach unten falten.
5. Nun die untere rechte Ecke schräg nach oben zur Mitte falten.
6. Dann die linke untere Ecke ebenso schräg nach oben zur Mitte falten. Es entsteht ein Quadrat, das auf der Spitze steht.

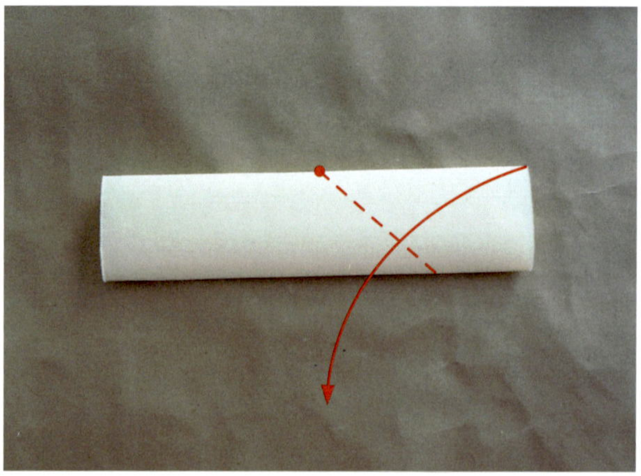

Step 3

Step 4

Step 5

Step 6

> **HINWEIS**
> Schritt 9 ist etwas knifflig. Gehen Sie den Bastelnden zur Hand. Eine Büroklammer kann helfen, die Serviette zusammenzuhalten.

7. Nun werden die seitlichen Ecken noch einmal zur Mittellinie gefaltet – erst rechts, dann links. Es entsteht eine Drachenform.
8. Die gefaltete Serviette wenden, dann die breite Spitze von oben nach unten falten.
9. Die Serviette wieder wenden, die oberen seitlichen Spitzen in der Mitte zusammenführen und ineinanderstecken.
10. Die Hasenohren mit den Fingern ausformen. Dann ein Band um den Körper des Hasen binden, das die Serviette gut zusammenhält.

Step 7

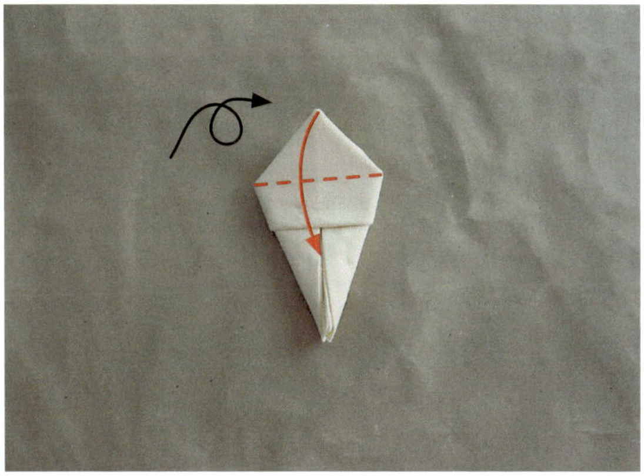

Step 8

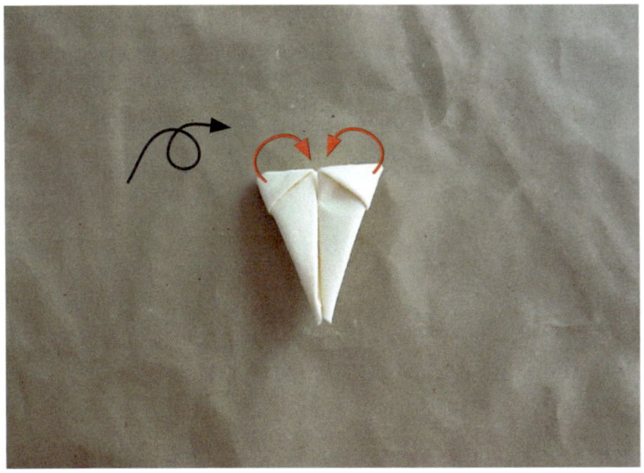

Step 9

Step 10

9 Gewickelte Eier

Technik
Wickeln

Schwierigkeitsgrad
sehr einfach

Gruppengröße
10 Personen

HINWEIS
Zum Fertigstellen der Eier wird ein 2. Termin benötigt.

Thema Mit Baumwollgarn, Klebstoff und einem Luftballon werden dekorative Ostereier gebastelt.

Vorbereitung Rühren Sie den Tapetenkleister nach Herstellerangabe an und lassen Sie ihn quellen. Anschließend etwas Holzleim unterrühren (ca. 1 EL auf 250 ml Kleister). Dadurch werden die Eier nach dem Trocknen stabiler und haltbarer.

*Materialien und Werkzeuge pro Teilnehmer*in*

- kleiner Luftballon
- Baumwollgarn
- sauberer Joghurtbecher oder Backförmchen aus Pappe
- Kleister-Holzleim-Mischung
- Wäscheklammer
- Schere

Werkzeuge für die Betreuungskraft

- dicke, spitze Sticknadel
- Löffel

So geht's

1. Die Teilnehmenden wählen für sich ein Garn in gewünschter Farbe. Fädeln Sie das Garn in die Sticknadel und stechen Sie unten quer durch den Becher. Das Garn durchziehen und die Nadel entfernen. Danach den Becher etwa halbvoll mit der Kleister-Holzleim-Mischung füllen.

Step 1

2. Den Luftballon auf etwa 10 cm bis 15 cm Größe aufblasen und zuknoten. Gehen Sie dabei zur Hand oder übernehmen Sie diesen Schritt ganz.
3. Nun ziehen die Teilnehmenden immer etwas Garn durch den Becher, sodass es mit Klebstoff getränkt wird, und wickeln es kreuz und quer um den Luftballon.
4. Wenn der Luftballon dicht umwickelt ist, das Garn abschneiden und das Ende am Luftballon glatt streichen.
5. Den Luftballon mit der Wäscheklammer zum Trocknen aufhängen. Die Trockenzeit beträgt zwischen 6 und 24 Stunden.
6. An einem **zweiten Termin** wird der Luftballon im Innern mit der Schere zerstochen und aus dem gewickelten Ei entfernt.

Seite 58
Seite 46

Sommer
Seite 48
Seite 54
Ahoi!

10 Windlicht mit Blumengirlande

Technik
Fädeln

Schwierigkeitsgrad
einfach

Gruppengröße
10 Personen

Thema Blüten, Perlen und andere Kleinigkeiten werden auf Draht gefädelt und um ein leeres Einmachglas gewickelt, sodass ein sommerliches Windlicht entsteht.

Vorbereitung Sammeln Sie leere Gläser, die in Ihrem Haushalt anfallen, und reinigen Sie sie von Speiseresten. Je nach örtlicher Gegebenheit können Sie mit den Teilnehmenden einen kleinen Spaziergang machen und Blumen im Garten, am Wegesrand oder auf einer Wiese pflücken.

*Materialien und Werkzeuge pro Teilnehmer*in*

- feiner Wickeldraht
- leeres, sauberes Einmachglas
- kleine Blumen, z. B. Chrysanthemen
- Perlen, Streuteile oder andere kleine Dekorationen
- Sand
- LED-Kerze
- Schere

So geht's

1. Zuerst stellen die Teilnehmenden die Materialien zusammen, mit denen sie ihre Girlande fädeln möchten. Dann zupfen sie die Blüten und Knospen der Blumen ab.
2. Vom Draht ein Stück abschneiden, das etwa 3-mal um die Öffnung des Einmachglases reicht. Am hinteren Ende den Draht etwas aufwickeln, sodass nichts herunterrutschen kann. Dann die verschiedenen Materialien locker auffädeln.
3. Sobald die Kette lang genug ist, um 2-mal locker um die Glasöffnung gelegt zu werden, mit dem Fädeln aufhören. Die Kette um die Öffnung legen. Anfang und Ende miteinander verdrehen und abschneiden.
4. Die Blüten ggf. richtig ausrichten. Dann den Sand in das Glas füllen und die LED-Kerze hineinstellen. Nach Wunsch noch ein paar Blüten in das Windlicht streuen.

HINWEIS

Die Haltbarkeit der Blumengirlande hängt von den verwendeten Blumen ab. Eine Girlande aus Chrysanthemen bleibt beispielsweise einige Tage frisch.

TIPP

Für eine langwährende Deko können Sie auch Blüten von Kunstblumen verwenden.

11 Sommerliche Blüten

Technik
Kleben, Schneiden, Falten

Schwierigkeitsgrad
einfach

Gruppengröße
8 Personen

Thema

Aus Papierstreifen entstehen bunte Blumen, die anschließend ans Fenster gehängt oder in eine Vase gestellt werden können.

Vorbereitung

Schneiden Sie die Papierstreifen zu. Pro Blume werden folgende Streifen benötigt: vier Streifen à 1,5 cm × 28 cm und vier Streifen à 1 cm × 24 cm. Für die grünen Blätter fertigen Sie mithilfe der Vorlage (siehe Seite 141 ff.) Schablonen aus dünner Pappe an.

*Materialien und Werkzeuge pro Teilnehmer*in*

- Papierstreifen, 4 Streifen à 1,5 cm × 28 cm, 4 Streifen à 1 cm × 24 cm
- Tonkarton in Grün und passend zu den Papierstreifen
- Chenilledraht (Pfeifenputzer) in Grün
- Schere
- Klebstoff
- Bleistift

Material für die Betreuungskraft

- Kreisstanzer, ø 2,5 cm

So geht's

1. Zuerst legen die Teilnehmenden die vier 1,5 cm breiten Streifen bündig aufeinander. Einmal mittig falten und wieder öffnen, sodass die Mitte markiert ist.
2. Dann die Streifen in der Mitte aufeinanderkleben – die ersten beiden Streifen im 90°-Winkel über Kreuz, die anderen beiden jeweils auf Lücke, sodass ein Stern mit acht Strahlen entsteht.
3. Die Schritte 1 und 2 mit den 1 cm breiten Streifen wiederholen. Dann beide Sterne versetzt in der Mitte aufeinanderkleben, sodass die Streifen nicht überlappen.
4. Als Nächstes reihum die 1,5 cm breiten Streifen zur Mitte legen und festkleben. Mit den 1 cm breiten Streifen wiederholen.
5. Aus dem Tonkarton einen Kreis ausstanzen und als Blütenmitte aufkleben.
6. Den Chenilledraht doppelt legen, verdrehen und als Stängel aufkleben.
7. Mithilfe der Schablone ein Blatt auf dem grünen Tonkarton anzeichnen und ausschneiden. Mittig falten, wieder öffnen und an den Stängel kleben.

Step 4

TIPP

Für die Streifen eignen sich dünne Papiere, wie Briefpapier, farbiges Druckerpapier, Papierstreifen für Fröbelsterne, Transparentpapier usw.

12 Fisch-Mobile

Technik
Kneten, Modellieren, Malen, Knoten

Schwierigkeitsgrad
einfach

Gruppengröße
8 Personen

HINWEIS
Für die Fertigstellung des Mobiles benötigen Sie einen zweiten Termin.

Thema Aus Salzteig entstehen Fische, die nach dem Trocknen zu einem maritimen Mobile zusammengefügt werden. Daraus lässt sich auch ein tolles Gemeinschaftsprojekt machen.

Vorbereitung Fertigen Sie mithilfe der Vorlage (⇩ siehe Seite 141 ff.) Pappschablonen für die Fische an. Wenn die Teilnehmenden fit sind, können Sie den Salzteig in der Bastelstunde gemeinsam herstellen. Ansonsten bereiten Sie ihn vor.

*Materialien und Werkzeuge pro Teilnehmer*in*

- Salzteig (siehe Seite 104)
- Teigrolle oder runder Gegenstand zum Ausrollen
- Essbesteck (Messer, Gabel)
- Trinkhalm
- Ast, ca. 20 cm lang
- festes Garn
- Schere
- Acrylfarbe in Hellblau und Weiß
- Schwämmchen oder Wattepads

Materialien für die Betreuungskraft

- mit Backpapier ausgelegtes Backblech und ggf. Backofen
- Stift

So geht's

1. Die Teilnehmenden kneten den Teig gut durch und rollen ihn ca. 1 cm dick aus. Die Schablone auflegen und am Rand entlang mit dem Messer den Fisch ausschneiden. Noch 2-mal wiederholen, sodass jede Person drei Fische hat.
2. Am Kopf mit dem Trinkhalm ein Loch für die Aufhängung in die Fische stechen. Dann nach Lust und Laune mit dem Trinkhalm, dem Besteck oder den Fingern Muster in den Teig drücken.
3. Die Fische auf das Backblech legen. Schreiben Sie jeweils die Namen der Teilnehmenden dazu, damit sie die Fische nach dem Trocknen wieder zuordnen können. Die Fische trocknen (siehe Seite 104).
4. An einem **Folgetermin** werden die Fische bemalt. Dazu wird die Farbe mit dem Schwämmchen oder den Wattepads vorsichtig aufgetupft, sodass nur die erhabenen Stellen und Ränder eingefärbt werden.
5. Kurz trocknen lassen, dann werden die Fische mit dem Garn an den Ast geknotet. Zuletzt ein Stück Garn als Aufhängung festknoten.

13 Umgarntes Windlicht

Technik
Wickeln, Kleben, Binden

Schwierigkeitsgrad
einfach

Gruppengröße
8 Personen

Thema

Hier wird Seemannsgarn gesponnen! Taue und Seile sind typische Utensilien für maritime Accessoires. Hier wird ein altes Glas damit umwickelt und in ein schickes Windlicht verwandelt.

Vorbereitung

Sammeln Sie leere Gläser, die in Ihrem Haushalt anfallen, und reinigen Sie sie von Speiseresten.

*Materialien und Werkzeuge pro Teilnehmer*in*

- leeres Einmachglas
- Baumwollseil, ø ca. 4 mm
- Alleskleber
- Schere
- Bast
- Muscheln oder andere kleine, maritime Dekorationen
- LED-Teelicht

Werkzeug für die Betreuungskraft

- Heißklebepistole

So geht's

1. Geben Sie den Teilnehmenden Starthilfe. Wickeln Sie das Seil dazu einmal unten um das Glas und fixieren Sie diese erste Runde komplett mit dem Heißkleber.
2. Nun wickeln die Teilnehmenden das Seil weiter Runde für Runde um das Glas und kleben es dabei mit Alleskleber fest. Am oberen Ende, wenn das Glas schmaler wird, wird das Wickeln etwas schwieriger. Gehen Sie hier bei Bedarf zur Hand.
3. Das überschüssige Seil abschneiden. Dann fixieren Sie das lose Ende etwas mit dem Heißkleber, damit es sicher hält.
4. Nun können die Teilnehmenden das Glas weiter schmücken. Dazu wird oben etwas Bast um den Schraubverschluss gebunden. Auf das Seil werden Muscheln oder andere maritime Dekorationen geklebt. Bei Bedarf können Sie hier etwas mit dem Heißkleber mithelfen.
5. Jetzt kann das LED-Licht in das Glas gestellt und angeschaltet werden.

TIPP
Umwickeln Sie Flaschen statt Gläser. Dann entstehen schöne Vasen im maritimen Look.

14 Blühende Tassen

Technik
Schneiden, Kleben, Arrangieren

Schwierigkeitsgrad
mittel

Gruppengröße
8 Personen

Thema Aus schlichten Papierbackförmchen werden kleine Tassen gebastelt, die sich mit Steckmasse und frischen Blumen in eine sommerliche Dekoration für den Tisch verwandeln.

Vorbereitung Fertigen Sie aus dünner Pappe mithilfe der Vorlage (siehe Seite 141 ff.) Schablonen für den Henkel der Tasse an.

*Materialien und Werkzeuge pro Teilnehmer*in*

- Backförmchen aus Papier, ø ca. 7 cm
- Tonpapier in passender Farbe
- Bleistift
- Schere
- Klebstoff
- Steckziegel für Frischblumen
- Messer
- frische Blumen
- Schüssel mit Wasser
- Zahnstocher

So geht's

1. Zuerst wird die Tasse gebastelt. Dazu das Tonpapier doppelt legen und die Schablone für den Henkel mit der markierten Kante an der Faltkante anlegen. Den Henkel mit Bleistift umfahren und in doppelter Lage aus dem Tonpapier ausschneiden.

2. Die vier Klebelaschen an den gestrichelten Linien nach außen falten, den Rest aufeinanderkleben. Dann wird der Henkel mit den Klebelaschen auf das Backförmchen geklebt. Trocknen lassen.

3. In der Zwischenzeit schneiden die Teilnehmenden den Steckziegel zu. Dazu das Backförmchen mit der Öffnung leicht in den Steckziegel drücken und wieder abnehmen. Den Kreis mit dem Messer heraustrennen und nach unten so zuschneiden, dass er in das Backförmchen passt.

4. Den Kreis in die Schüssel mit Wasser legen und ganz untertauchen, damit er sich mit Wasser vollsaugt. Dann den Kreis in die gebastelte Tasse geben und die Frischblumen einstecken. Dazu ggf. kleine Löcher mit dem Zahnstocher vorstechen.

15 Leuchtende Schmetterlinge

Technik
Schneiden, Kleben

Schwierigkeitsgrad
sehr einfach

Gruppengröße
10 Personen

Thema

Aus schwarzem Papier wird der Schattenriss eines Schmetterlings ausgeschnitten. Die Flügel werden mit bunten, transparenten Papierschnipseln beklebt, sodass sie am Fenster herrlich leuchten.

Vorbereitung

Fertigen Sie mithilfe der Vorlage (siehe Seite 141 ff.) eine Pappschablone für den Schmetterling an oder zeichnen Sie die Schmetterlinge bereits mit einem hellen Buntstift auf den schwarzen Tonkarton.

*Materialien und Werkzeuge pro Teilnehmer*in*

- Tonkarton in Schwarz, A4
- Transparentpapier in Weiß, A4
- Transparentpapier (Drachenpapier) oder Seidenpapier in verschiedenen Farben
- Schere
- heller und dunkler Buntstift
- Klebstoff

So geht's

1. Den Tonkarton mittig falten, sodass die langen Kanten aufeinanderliegen. Die Schablone für den Schmetterling an der Faltkante anlegen und außen mit dem hellen Buntstift umfahren.
2. Den Schmetterling entlang der Kontur in doppelter Papierlage ausschneiden und anschließend öffnen.
3. Nun legen die Teilnehmenden die Schablone nacheinander auf den beiden Flügeln auf und zeichnen jeweils die Innenfläche an. Anschließend werden die Innenflächen ausgeschnitten.
4. Als Nächstes werden die Innenflächen mithilfe der Schablone auf dem weißen Transparentpapier angezeichnet. Dazu nehmen die Teilnehmenden den dunklen Buntstift.
5. Die angezeichneten Flächen werden ganz nach Belieben mit bunten Papierschnipseln beklebt. Das Transparentpapier oder Seidenpapier kann dafür von den Teilnehmenden in kleine Stücke geschnitten oder gerissen werden.
6. Sobald beide Flügel fertig sind, werden sie rundum mit etwa 1 cm Zugabe ausgeschnitten und hinter den schwarzen Schmetterling geklebt.

16 Schiffchen-Girlande

Technik
Falten, Fädeln

Schwierigkeitsgrad
mittel

Gruppengröße
6 Personen

Thema Faltschiffchen kennen alle. Der Klassiker aus der Kindheit kommt hier als sommerliche Tischdeko groß raus. Die Girlande lässt sich auch gut als Gemeinschaftsprojekt umsetzen.

Vorbereitung Schneiden Sie das Faltpapier für die Schiffchen zu. Pro Schiff benötigen Sie ein Rechteck (15 cm × 13 cm) aus Papier.

*Materialien und Werkzeuge pro Teilnehmer*in*

- Papier in Blau, 15 cm × 13 cm
- Sticknadel
- Garn
- Schere
- ggf. Zahnstocher, Papierreste, Klebstoff und Stift (für Fähnchen)

So geht's

1. Das Papier im Hochformat auf den Tisch legen und die obere Kante auf die untere falten.

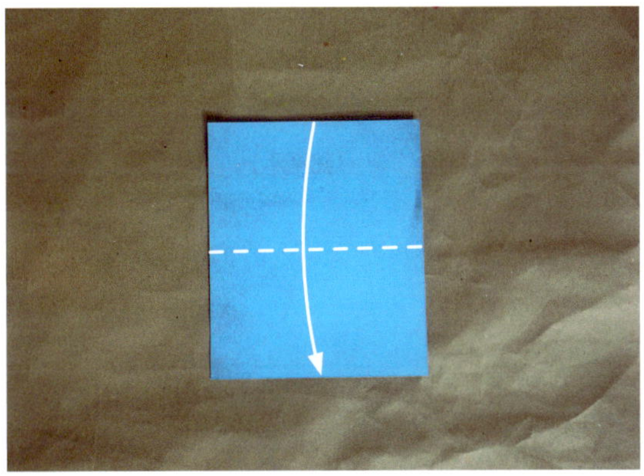

Step 1

2. Die Mitte an der oberen Kante markieren, dann erst die rechte Seite schräg nach unten falten und dann die linke Seite.

Step 2

3. Die obere Lage des unten überstehenden Streifens nach oben falten und die Ecken nach hinten umschlagen.
4. Das Papier wenden und nun die andere Lage, die unten übersteht, nach oben falten und an den Ecken nach hinten umschlagen.
5. Die Form etwas öffnen und die seitlichen Spitzen zueinanderführen.
6. Es ist ein kleines Quadrat entstanden. Das Papier flach drücken und so hinlegen, dass die Öffnung nach unten zeigt. Die obere Lage der unteren Spitze nach oben zur Spitze falten.

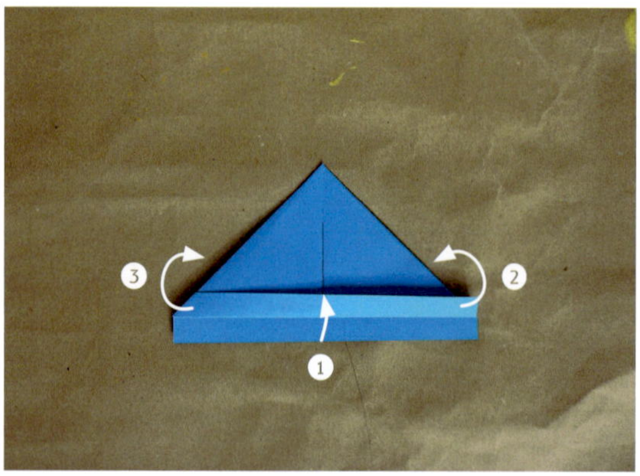

Step 3

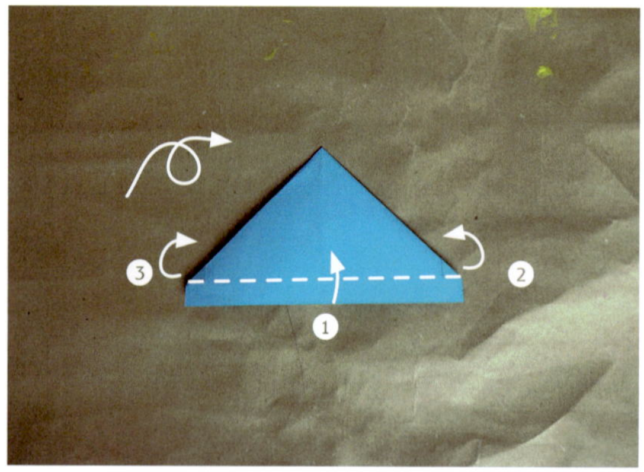

Step 4

Step 5

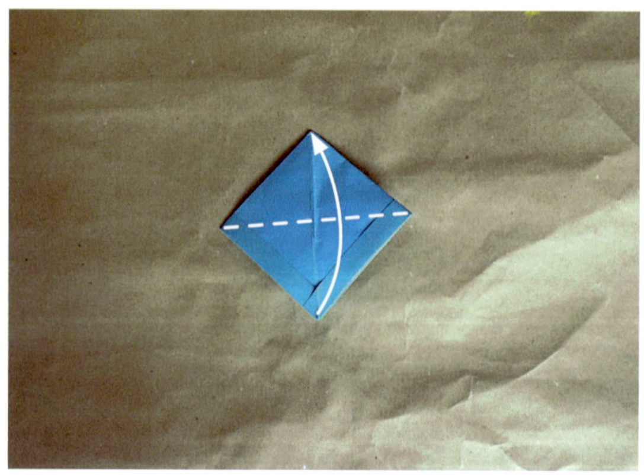

Step 6

TIPP
Aus Papierresten und Zahnstochern lassen sich kleine Fähnchen basteln, die mit den Namen der Teilnehmenden oder netten Worten beschriftet und in die Boote gesteckt werden können.

7. Nun das Papier wenden und erneut die untere Spitze nach oben falten. Es entsteht ein Dreieck.
8. Das Dreieck wieder unten etwas öffnen und wie zuvor in Step 5 die seitlichen Spitzen zueinanderführen.
9. Es entsteht wieder ein Quadrat. An der oberen Spitze die Zacken greifen und vorsichtig zur Seite ziehen, sodass sich das Papier öffnet.
10. Es entsteht eine längliche Schiffsform. Die Form flach drücken und anschließend vorsichtig ausformen.
11. Die Teilnehmenden fädeln die Schiffchen mit einer Sticknadel und dem Garn hintereinander zu einer Kette auf.

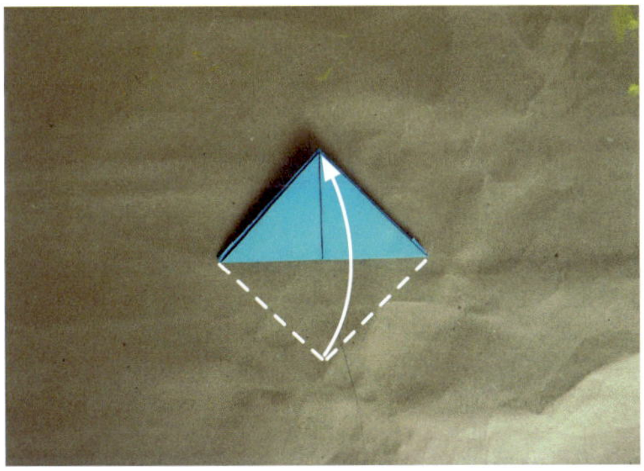

Step 7

Step 8

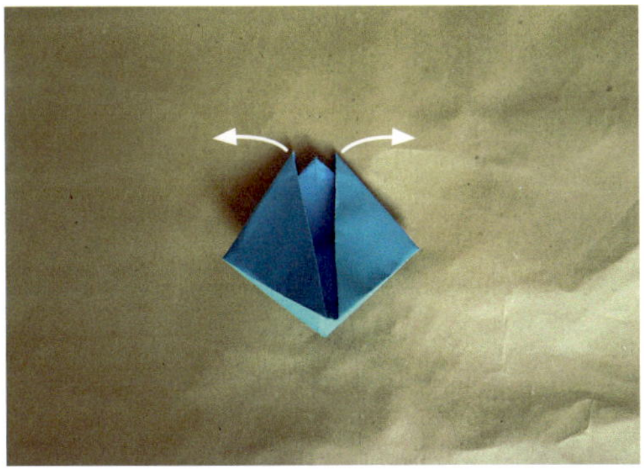

Step 9

Step 10

17 Fröhliche Libellen

Technik
Schneiden, Kleben, Malen, Knoten

Schwierigkeitsgrad
einfach

Gruppengröße
8 Personen

Thema Eine Holzwäscheklammer wird in eine hübsche Libelle verwandelt. Die Libelle kann als Tischdeko verwendet oder an Zweige geklammert werden.

Vorbereitung Fertigen Sie aus dünner Pappe mithilfe der Vorlage (siehe Seite 141 ff.) die Schablonen für die Flügel und den Kopf an.

*Materialien und Werkzeuge pro Teilnehmer*in*

- Holzwäscheklammer
- Motivpapier
- Farbe
- Pinsel
- Klebstoff
- Garn
- Schere
- Bleistift

So geht's

1. Zuerst gestalten die Teilnehmenden den Körper der Libelle. Dazu malen sie die Wäscheklammer in der gewünschten Farbe an. Nach dem Trocknen der Farbe kann noch ein Muster aufgemalt werden.
2. Nun werden die Flügel gefertigt. Dazu ein Stück Papier mittig falten. Die Schablone mit der geraden Kante an der Faltkante anlegen und mit Bleistift umfahren. Mit der zweiten Schablone wiederholen. Die Flügel jeweils in doppelter Papierlage ausschneiden und anschließend öffnen.
3. Die Flügel aufeinanderkleben. Dann oben einen Tropfen Klebstoff auf die Mitte der Flügel geben und die Flügel in die Klammer kleben. Dazu die Klammer aufdrücken.
4. Für die Fühler werden zwei kurze Garnstücke abgeschnitten und an einem Ende verknotet. Dann die Fühler oben an der Klammer aufkleben. Zuletzt den Kopf mithilfe der Schablone aus Papier ausschneiden und auf die Fühler kleben.

18 Papierlampions

Technik
Falten, Schneiden, Kleben

Schwierigkeitsgrad
mittel

Gruppengröße
6 Personen

Thema

Aus hübsch gemusterten Papieren und verspielten Bändern und Bordüren werden Lampions gefertigt, die anschließend mit einem LED-Licht beleuchtet oder an eine Lichterkette gehängt werden können. Auch als Gemeinschaftsprojekt umsetzbar.

Vorbereitung

Schneiden Sie die Papiere, die für die Lampions benötigt werden, auf die in der Materialliste angegebene Größe.

*Materialien und Werkzeuge pro Teilnehmer*in*

- Motivpapier, 21 cm × 15 cm und 1 cm × 15 cm
- Transparentpapier, 21 cm × 12 cm
- Bänder, Borten, Zackenlitze etc.
- Schere
- Klebstoff
- Wäscheklammern (zum Fixieren beim Trocknen)

So geht's

1. Zuerst wird der Außenschirm gefertigt. Dazu falten die Teilnehmenden das Motivpapier mit den Längskanten aufeinander und schneiden es dann wie einen Kamm an der Faltkante in gleichmäßigen Abständen ein. Für den grünen Schirm wird das Papier 2-mal gefaltet.
2. Das Motivpapier vorsichtig öffnen und auf das Transparentpapier kleben. Dabei, je nach gewünschter Form des Lampions, nur die beiden Längskanten bündig aufeinanderkleben (blauer Schirm) oder das Motivpapier zusätzlich in der Mitte aufkleben (rosa und grüner Schirm).
3. Den Schirm an den Schmalkanten zum Rund schließen, zusammenkleben und während des Trocknens mit den Wäscheklammern fixieren.
4. Danach können die Teilnehmenden den schmalen Papierstreifen als Henkel in den Schirm kleben und die Streifen des Lampions mit den Fingern etwas ausformen.
5. Zuletzt den Lampion mit Zackenlitze, Borte oder Bändern verzieren.

TIPP
Die Teilnehmenden können sich entlang der gegenüberliegenden Kante mit Bleistift eine Hilfslinie ziehen, damit sie nicht versehentlich zu weit schneiden.

Seite 64
Seite 76
Seite 68

Herbst

Seite 74

Seite 67

19 Herbstlaub

Technik
Schneiden, Falten, Knüllen, Kleben

Schwierigkeitsgrad
einfach

Gruppengröße
8 Personen

Thema
Aus Papier werden bunte Blätter gefaltet, mit denen Wände, Fenster oder Tische dekoriert werden können.

Vorbereitung
Erstellen Sie mithilfe der Vorlage (siehe Seite 141 ff.) eine Pappschablone oder zeichnen Sie die Form bereits auf dem Tonpapier an, sodass die Teilnehmenden die Blätter nur noch ausschneiden müssen.

*Materialien und Werkzeuge pro Teilnehmer*in*

- Schreib-, Motiv- oder Tonpapier in herbstlichen Farben, DIN A4
- Bleistift
- Schere
- Klebstoff

So geht's

1. Die Teilnehmenden falten das Papier einmal der Länge nach in der Mitte. Dann legen sie die Pappschablone mit der langen, geraden Kante an der Faltkante an und zeichnen die gezackte Linie nach.
2. Nun schneiden die Teilnehmenden den Rand des Papiers entlang der Linie ab, und zwar in doppelter Lage. Erst danach wird das Papier wieder geöffnet.
3. Jetzt wird das Papier ziehharmonikaartig gefaltet. Am leichtesten gelingt dies, wenn das Papier im Hochformat auf den Arbeitstisch gelegt wird. Die Spitze zeigt dabei zum Körper. Die Spitze fingerbreit nach oben falten, das Papier wenden, die untere Kante wieder fingerbreit nach oben falten, wieder wenden. So fortfahren, bis das obere Ende erreicht und das gesamte Papier zu einem Stapel gefaltet ist.

Step 3

4. Nun für den Stiel von einem der Papierreste ein ca. 7 cm × 4 cm großes Stück abschneiden und zu einer Wurst knüllen.

5. Die Wurst mit einem Ende mittig auf den Papierstapel kleben. Den Papierstapel um den Stiel zusammenklappen und beide Hälften aufeinanderkleben.

6. Nach dem Trocknen das Blatt auffächern und den Stiel nach unten biegen.

Step 5

Step 6

Variante

Bei diesem Projekt muss weder exakt geschnitten noch exakt gefaltet werden. Die Blätter sehen immer schön aus. Noch **leichter** geht es aber, wenn auf die Zacken der Blätter verzichtet wird.

So geht's

1. Die Teilnehmenden falten das Papier einmal der Länge nach in der Mitte und schneiden es dann mit der Schere einmal diagonal durch. Als Hilfe können Sie die Schnittlinie mit Lineal und Bleistift anzeichnen.
2. Das Papier wieder öffnen. Es ist ein Dreieck entstanden. Wie zuvor beschrieben, das Dreieck zu einem Stapel falten und das Blatt fertigstellen.

Step 1

20 Zierkürbisse im Stoffkleid

Technik
Raffen, Wickeln, Knoten, Schneiden, Kleben

Schwierigkeitsgrad
einfach

Gruppengröße
8 Personen

Thema Leere Toilettenpapierrollen werden mit herbstlichen Stoffen in dekorative Kürbisse verwandelt – ganz ohne Nähen.

Vorbereitung Schneiden Sie den Stoff für die Kürbisse zu (30 cm × 50 cm) und fertigen Sie mithilfe der Vorlage (siehe Seite 141 ff.) Pappschablonen für das Blatt an.

*Materialien und Werkzeuge pro Teilnehmer*in*

- leere Toilettenpapierrolle
- Toilettenpapier
- Ast, ø 1,5 cm, ca. 10 cm lang
- Baumwollstoff in Orange gemustert, 30 cm × 50 cm
- Tonpapier in Braun
- Schere
- reißfestes Garn
- Bleistift
- Klebstoff

So geht's

1. Den Stoff an einer Längskante raffen und mit etwas Garn zusammenbinden. Die schöne Stoffseite zeigt dabei nach innen. Anschließend die gegenüberliegende Stoffkante mittig am Ast anlegen, um den Ast raffen und abbinden.
2. Die leere Toilettenpapierrolle mit etwas Toilettenpapier umwickeln, sodass ein rundes Knäul entsteht. Das Ende einstecken.
3. Die Stoffhülle wenden, sodass die schöne Stoffseite nach außen zeigt. Den Ast in die Toilettenpapierrolle stecken. Die Hülle über das Toilettenpapierknäul ziehen und die abgebundenen Enden oben und unten etwas in die Öffnung der Toilettenpapierrolle drücken.
4. Zuletzt schneiden die Teilnehmenden mithilfe der Schablone ein Blatt aus dem Tonpapier aus und kleben es zusammen mit ein paar Papierstreifen, die über den Scherenrücken gekräuselt wurden, an den Ast.

Step 1

Step 2

21 Herbstliche Kränze

Technik
Fädeln, Biegen, Binden

Schwierigkeitsgrad
einfach

Gruppengröße
8 Personen

Thema Aus Naturmaterial entstehen kleine Kränze, die auf dem Tisch arrangiert oder am Fenster bzw. an der Tür aufgehängt werden können.

Vorbereitung Wenn es die Zeit und die Mobilität der Teilnehmenden zulassen, können Sie die Hagebutten oder Zieräpfel bei einem gemeinsamen Spaziergang sammeln.

*Materialien und Werkzeuge pro Teilnehmer*in*

- 15–20 Hagebutten oder Zieräpfel
- Wickeldraht, ø 0,65 mm, 40 cm lang
- Dekoband, 40 cm lang
- Schere
- ggf. kleines grünes Blatt
- ggf. Garn zum Aufhängen

TIPP
Hagebutten- oder Zierapfelzweige gibt es im Herbst auch in gut sortierten Blumenläden oder Gärtnereien. Vielleicht können Sie dort welche vorbestellen, falls keine vorrätig sind.

So geht's

1. Die Teilnehmenden fädeln die Hagebutten oder Zieräpfel auf den Draht. Dazu stechen sie den Draht von einer Seite zur anderen Seite durch die Früchte und schieben diese zur Mitte.
2. Wenn der Draht gut gefüllt ist, biegen die Teilnehmenden ihn zum Kreis und arrangieren die Hagebutten oder Zieräpfel, sodass sie dicht an dicht sitzen und schön ausgerichtet sind.
3. Die Drahtenden werden miteinander verdreht und abgeschnitten. Hier können Sie den Teilnehmenden unterstützend zur Hand gehen. Dann binden die Teilnehmenden das Dekoband als Schleife um den Kranz. Dabei kann noch ein Blatt eingebunden werden.
4. Die Enden des Dekobands nach Wunsch mit der Schere kürzen. Wer mag, knotet zum Aufhängen noch etwas Garn am Kranz fest.

Variante

Auch Kränze aus Rosskastanien sehen sehr dekorativ aus. Einfach die Kastanien mit einem langen Nagel lochen und dann auf den Draht fädeln.

22 Kleine Glückspilze

Technik
Malen, Dekorieren

Schwierigkeitsgrad
sehr einfach

Gruppengröße
10 Personen

Thema

Aus Walnussschalen werden kleine Glückspilze gebastelt, die z. B. auf dem Tisch als Dekoration zum Einsatz kommen können. Sie sind aber auch ein schönes Geschenk.

Vorbereitung

Knacken Sie die Walnüsse, indem Sie am stumpfen Ende mit einem flachen Schraubenzieher die beiden Hälften der Schale auseinanderhebeln. Anschließend die Nüsse im Innern entfernen.

*Materialien und Werkzeuge pro Teilnehmer*in*

- Walnussschale
- Ast, ø 1,5 cm, 5 cm lang
- Knete oder Knetsteckmasse
- Mini-Muffinförmchen (Pralinenförmchen)
- Pinsel
- Wattestäbchen
- Acrylfarbe in Weiß und Rot
- Moos

So geht's

1. Die Teilnehmenden malen zuerst die Walnussschale rot an und lassen sie anschließend trocknen.
2. In der Zwischenzeit malen die Teilnehmenden den Ast weiß an und lassen ihn ebenfalls trocknen. Dann tupfen sie mit dem Wattestäbchen weiße Punkte auf die Walnussschale.
3. Nachdem die Farbe getrocknet ist, wird etwas Knete oder Steckmasse in die Walnussschale gedrückt. Den Ast als Stiel hineindrücken.
4. Den Pilz mit Knete oder Steckmasse in dem Papierförmchen anbringen und das Förmchen mit etwas Moos füllen. Fertig.

23 Dekorative Früchte

Technik
Schneiden, Falten, Kleben

Schwierigkeitsgrad
einfach

Gruppengröße
10 Personen

Thema

Aus Papier entstehen dekorative Äpfel, die wunderschön als Tischdeko oder auf einer Anrichte wirken.

Vorbereitung

Fertigen Sie aus dünner Pappe mithilfe der Vorlage (siehe Seite 141 ff.) Schablonen für die Äpfel an.

*Materialien und Werkzeuge pro Teilnehmer*in*

- 12 Bögen Schreib-, Motiv- oder Tonpapier, ca. 10 cm × 10 cm
- Bleistift
- Schere
- Papierkleber
- Jutegarn, 10 cm lang

So geht's

1. Die Papierbögen aufeinanderlegen. Mithilfe der Schablone auf dem obersten Bogen den Apfel anzeichnen. Dann die Form durch alle Lagen hindurch ausschneiden. Motorisch eingeschränkte Teilnehmende können die Form auf jedem Blatt anzeichnen und einzeln ausschneiden, im Stapel geht es jedoch schneller und die Form der Äpfel ist identisch.

2. Jeden ausgeschnittenen Apfel einmal in der Mitte falten, sodass Apfelhälften entstehen. Die schöne Seite des Papiers befindet sich dabei innen.

3. Nun die erste Apfelhälfte hinlegen, die Oberseite mit Klebstoff bestreichen, die nächste Apfelhälfte auflegen, wieder die Oberseite mit Klebstoff bestreichen und so fortfahren, bis alle zwölf Apfelhälften zu einem Stapel verklebt sind.

4. Den Stapel an der geraden Kante mit Klebstoff bestreichen und das Jutegarn als Stiel anbringen.

5. Anschließend die oberste Papierlage des Stapels mit Klebstoff bestreichen. Den Apfel auffächern und die oberste und unterste Seite zusammenkleben. Gut andrücken und trocknen lassen.

6. Die Seiten gleichmäßig verteilen und den Apfel aufstellen.

Variante Auch aus den Seiten eines alten Buches lassen sich dekorative Früchte basteln. Hier wurde eine Birne aus zwölf Buchseiten ausgeschnitten und wie beschrieben zusammengeklebt. Auf die gleiche Weise können auch **Engel, Sterne** oder **Blumen** gefertigt werden. Wichtig ist nur, dass eine symmetrische Grundform verwendet wird, die unten etwas breiter ist, damit sie gut steht.

24 Edle Sonnenblumen

Technik
Schneiden, Falten, Kleben

Schwierigkeitsgrad
mittel

Gruppengröße
8 Personen

Thema Papierquadrate werden zu kleinen Spitztüten geklebt und anschließend so arrangiert, dass daraus leuchtende Sonnenblumen entstehen.

Vorbereitung Schneiden Sie die Papierquadrate (7 cm × 7 cm) in der benötigten Anzahl zu. Außerdem können Sie die Kreise mit einem Zirkel bereits auf dem Tonpapier anzeichnen (grünes Papier: ø 18 cm; braunes Papier: ø 8 cm). Dann müssen die Teilnehmenden die Kreise nur noch ausschneiden.

*Materialien und Werkzeuge pro Teilnehmer*in*

- 28 Papierquadrate, 7 cm × 7 cm
- Klebestift und Alleskleber
- Tonpapier in Grün und Braun
- Holzleim
- Kaffeebohnen
- Schere
- Ast, 45 cm und ø 1 cm
- Acrylfarbe in Grün
- Pinsel

TIPP
Sie können auch Faltpapier (7 × 7 cm) oder Haftnotizzettel (7,5 × 7,5 cm) verwenden.

Werkzeug für die Betreuungskraft

- Heißklebepistole

So geht's

1. Die quadratischen Papiere zu Blütenblättern zusammenkleben. Dazu eine Ecke mit etwas Klebestift bestreichen.
2. Nun die mit Klebstoff bestrichene Ecke und die gegenüberliegende Ecke zur Mitte zusammenführen. Dabei bildet sich oben eine Öffnung mit breiter Zacke, unten eine Spitze.

Step 1

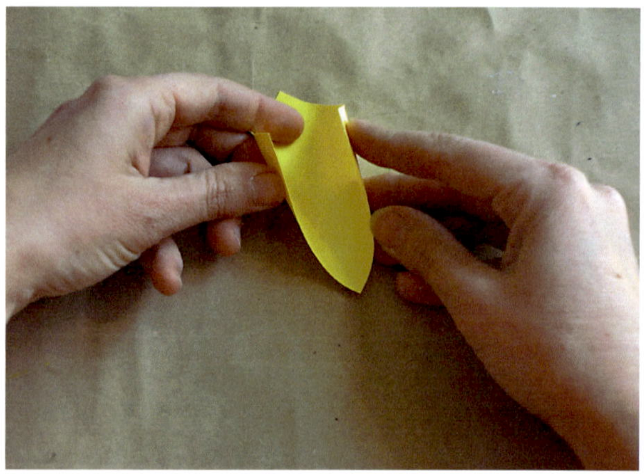

Step 2

3. Die Ecken aufeinanderkleben. Die Spitze unten muss dabei nicht geschlossen sein. Auf diese Weise alle Papierquadrate zu Tüten kleben.

4. Aus dem grünen Tonpapier einen Kreis (ø 18 cm) ausschneiden. 14 Papiertüten so darauf anordnen, dass in der Mitte ein kleiner Kreis frei bleibt. Mit Alleskleber aufkleben.

5. Die übrigen Papiertüten auf Lücke auf die erste Runde kleben. Die einzelnen Blütenblätter gut andrücken, sodass die Blüte insgesamt etwas flach gedrückt wird.

6. Aus dem braunen Tonpapier einen Kreis (ø 8 cm) ausschneiden. Den Kreis mit Holzleim bestreichen und mit den Kaffeebohnen bekleben. Nach dem Trocknen als Blütenmitte aufkleben.

7. Den Ast grün anmalen und aufkleben. Helfen Sie hierbei am besten mit dem Heißkleber. Wer mag, schneidet noch frei Hand ein grünes Blatt aus und klebt es auf.

Step 3

Step 4

Step 5

25 Dekokugeln mit Naturmaterial

Technik
Wickeln

Schwierigkeitsgrad
schwer

Gruppengröße
6 Personen

Thema Mit bunten Herbstblättern werden dekorative Kugeln gestaltet. Die Kugeln zieren den Tisch, aber auch an der Eingangstür entfalten sie eine schöne Wirkung.

Vorbereitung Vielleicht können Sie mit den Teilnehmenden einen kleinen Spaziergang machen, auf dem Sie gemeinsam schöne Blätter sammeln.

*Materialien und Werkzeuge pro Teilnehmer*in*

- Styropor-Kugel, ø 8–12 cm
- frische Laubblätter
- Wickeldraht in Grün, Silber, Kupfer oder Gold
- Schere
- Zahnstocher

So geht's

1. Den Anfang des Drahtes in die Styropor-Kugel stecken. Wenn der Draht sehr weich ist, mit dem Zahnstocher ein Loch vorstechen. Den Draht anschließend ein- oder 2-mal um die Kugel wickeln, damit der Anfang gut hält.
2. Das erste Blatt auflegen und einmal die Kugel mit dem Draht umwickeln. Dann das nächste Blatt überlappend auflegen und mit dem Draht umwickeln. So fortfahren, bis die Kugel ganz mit Blättern bedeckt ist und alle Blätter gut anliegen.
3. Am Ende den Draht abschneiden, zum Sichern um einen der aufgelegten Drähte winden und schließlich in die Kugel stecken. Dazu am besten mit dem Zahnstocher wieder ein Loch vorstechen.

TIPPS

- Je nach Fingerfertigkeit der Teilnehmenden kann es sinnvoll sein, die Blätter mit mehreren kurzen Drahtstücken zu umwickeln. So löst sich nicht alles wieder ab, wenn die Kugel mal aus der Hand fällt.
- Damit die Blätter sich schön um die Kugel legen lassen, am besten kleine, weiche Blätter sammeln. Lange oder harte Stiele einfach abschneiden oder mit den Fingern abzupfen.

Variante

Das Umwickeln der Kugeln mit Blättern erfordert eine gute Augen-Hand-Koordination und etwas Geschicklichkeit. Wenn die Teilnehmenden **motorisch eingeschränkter** sind, ist **Moos** eine tolle Alternative, mit der es deutlich leichter geht.

So geht's

1. Den Bindedraht in ca. 5 cm lange Stücke schneiden und zu u-förmigen Krampen formen.
2. Das Moos auf der Styropor-Kugel auflegen und mit den Krampen fixieren, indem diese mit den Spitzen durch das Moos in die Styropor-Kugel gesteckt werden.
3. Anschließend ein grobes Jutegarn oder Paketschnur um die Mooskugel binden – wie bei einer Geschenkverpackung. Dadurch entsteht ein schöner Landhaus-Stil.

TIPP
Die Mooskugel bleibt länger schön, wenn sie ab und zu mit Wasser besprüht wird.

26 Astscheiben mit Blättern

Technik
Malen, Kleben

Schwierigkeitsgrad
sehr einfach

Gruppengröße
10 Personen

Thema Gepresste Blätter und Pflanzen werden auf rustikalen Holzscheiben in Szene gesetzt. Die Naturbilder können aufgehängt oder als Untersetzer benutzt werden.

Vorbereitung Sammeln Sie schöne Blätter und immergrüne Pflanzen und legen Sie sie ein paar Tage in ein dickes Buch, damit sie beim Trocknen gepresst werden. Wenn es möglich ist, können Sie die Blätter und Pflanzen auch zusammen mit den Teilnehmenden sammeln.

*Materialien und Werkzeuge pro Teilnehmer*in*

- getrocknete und gepresste Blätter und Pflanzen
- Astscheiben
- Acrylfarbe in Grüntönen oder in Blau, Gelb und Weiß
- Bastelkleber (Weißleim)
- Pinsel

So geht's

1. Die Teilnehmenden bemalen die Astscheiben mit dem gewünschten Grünton. Sie können dafür Pappteller als Malerpalette anbieten, damit die Teilnehmenden sich den Grünton selbst aus Blau, Gelb und Weiß anmischen können.

2. Nun wählen die Teilnehmenden gepresste Blätter oder Pflanzen aus, die sie auf ihrer Astscheibe anbringen möchten. Achten Sie etwas darauf, dass sich die gewählten Pflanzen vom Grünton der Astscheibe abheben, damit sie nachher gut sichtbar sind.

3. Sobald die Farbe angetrocknet ist, streichen die Teilnehmenden die Oberfläche der Astscheibe mit dem Bastelkleber ein. Das geht leichter, wenn Sie ihn mit ein paar Tropfen Wasser verdünnen, damit er nicht so schnell antrocknet.

4. Nun legen die Teilnehmenden das ausgewählte Blatt oder Pflanzenteil auf und drücken es mit dem Pinsel vorsichtig an. Dann streichen sie noch einmal eine Schicht verdünnten Bastelkleber zum Schutz auf. Trocknen lassen.

TIPP

Für diese Bastelarbeit kann auch Serviettenkleber oder Decoupagekleber verwendet werden. Bastelkleber (Weißleim) ist aber deutlich günstiger. Damit er sich gut auftragen lässt, muss er nur mit etwas Wasser verdünnt werden. Der weiße Kleber wird beim Trocknen durchsichtig.

Variante

Diese Bastelidee lässt sich vielfältig variieren. Sie können statt grüner Blätter auch **gepresste Blumen** verwenden. Dann wird ein sommerliches Bild daraus. Oder Sie verwenden **kleine Astscheiben**, die schräg vom Ast abgesägt wurden und eine ovale Form haben. Einfach oben ein Loch hineinbohren und ein Band durchziehen, dann werden daraus schöne Anhänger für einen Osterstrauß. Wenn Sie keine Astscheiben zur Hand haben, können Sie auch andere Materialien damit gestalten, wie hier zum Beispiel **rechteckige Pappteller**. Der geprägte Rand bildet einen schönen Rahmen.

So geht's

1. Die Innenfläche des Papptellers mit der gewünschten Farbe bemalen und trocknen lassen.
2. Das getrocknete Blatt anschließend, wie zuvor beschrieben, auflegen und mit verdünntem Bastelkleber überstreichen.

27 Originelle Kürbisvasen

Technik
Malen, Aushöhlen, Arrangieren

Schwierigkeitsgrad
einfach

Gruppengröße
10 Personen

Thema Kürbisse sind beliebte Dekorationen im Herbst. Vor allem geschnitzte Kürbisgeister sind oft zu sehen. Hier werden mit etwas Farbe originelle Vasen gefertigt. Eine schöne Dekoration für drinnen und draußen.

Vorbereitung keine

*Materialien und Werkzeuge pro Teilnehmer*in*

- kleiner Kürbis, z. B. Hokkaido, Butternut oder Patisson
- Acrylfarbe, z. B. in Kupfer und Weiß
- Pinsel oder Schwämmchen
- Löffel
- kleines Gefäß, z. B. sauberer Trinkjoghurtbecher
- Blumen

Werkzeug für die Betreuungskraft

- scharfes Küchenmesser

So geht's

1. Übernehmen Sie den ersten Schritt. Setzen Sie das kleine Gefäß mit der Öffnung auf den Kürbis und zeichnen Sie die Öffnung mit der Messerspitze an. Das Gefäß abnehmen und den Kreis mit dem Messer ausschneiden.
2. Die Teilnehmenden höhlen den Kürbis anschließend etwas mit dem Löffel aus. Wichtig ist, dass alle Fäden und Kerne im Innern entfernt werden. Dadurch wird der Kürbis haltbarer. Außerdem muss das Loch tief und breit genug werden, damit das kleine Gefäß ganz hineinpasst.
3. Nun gestalten die Teilnehmenden den Kürbis mit Farbe. Dazu den Kürbis zuerst mit dem Pinsel oder dem Schwämmchen grundieren und die Farbe trocknen lassen. Danach können nach Belieben Muster oder Motive aufgemalt werden. Nochmals trocknen lassen.
4. Das Gefäß in den Kürbis stellen, sodass es oben nicht mehr zu sehen ist. Wasser einfüllen und Blumen in der Kürbisvase arrangieren. Fertig!

Seite 92
Seite 103

Winter

Seite 90
Seite 93
Seite 98

28 O Tannenbaum

Technik
Schneiden, Fädeln, Kleben

Schwierigkeitsgrad
mittel

Gruppengröße
8 Personen

Thema
Papierstreifen aus Geschenkpapier werden auf einen Schaschlikspieß gefädelt, sodass dekorative Tannenbäumchen entstehen.

Vorbereitung
Bei Bedarf können Sie die Papierstreifen bereits vor der Bastelstunde zuschneiden. Außerdem können Sie die Sterne für die Baumspitze anfertigen. Dazu z. B. mit einem Motivstanzer die Sterne aus Goldpapier ausstanzen oder mithilfe eines Ausstechförmchens die Sterne anzeichnen und ausschneiden. Pro Baum werden zwei Sterne benötigt. Alternativ können Sie goldene Sternaufkleber verwenden.

*Materialien und Werkzeuge pro Teilnehmer*in*

- Astscheibe, Rindenstück oder flacher Kieselstein
- Schaschlikspieß
- Geschenkpapier
- 2 Sterne in Gold, ø 2–3 cm
- Schere
- Lineal
- Klebstoff
- Sticknadel mit stumpfer Spitze

Werkzeuge für die Betreuungskraft

- Heißklebepistole
- Papier in Gold
- Motivstanzer in Sternform, ø 2–3 cm oder Ausstechform, Bleistift und Schere, alternativ: goldene Sternaufkleber

So geht's

1. Kleben Sie den Schaschlikspieß mit dem Heißkleber senkrecht auf die Astscheibe, das Rindenstück oder den Kieselstein. So lange festhalten, bis der Klebstoff fest ist.
2. Unterdessen schneiden die Teilnehmenden das Geschenkpapier in ungefähr 2 cm breite Streifen. Wenn Sie Geschenkpapierrollen verwenden, können die Teilnehmenden dazu einfach Ringe abschneiden.
3. Nun die Streifen in Stücke schneiden: 8 × 24 cm lang, 8 × 18 cm lang, 5 × 12 cm lang.
4. Den ersten Streifen (24 cm lang) einmal mittig und einmal an jedem Ende mit der Nadel lochen, dann den Streifen mit allen drei Löchern auf den Schaschlikspieß fädeln. Die Reihenfolge der Löcher ist dabei egal.
5. Step 4 mit den übrigen Streifen wiederholen. Die Streifen locker und immer leicht versetzt auffädeln und dabei von lang nach kurz arbeiten.
6. Zum Abschluss den Schaschlikspieß zwischen zwei Goldsterne kleben.

Variante

Diese Bäumchen sind sehr wandlungsfähig. Sie können z. B. auch **immergrüne Blätter** auffädeln, wobei sie unten mit großen Blättern beginnen und nach oben immer kleiner werdende Blätter verwenden. Oder die Teilnehmenden schneiden das Geschenkpapier einfach **in Stücke** und fädeln diese auf. Das ist die einfachste Variante und führt trotzdem zu sehr dekorativen Ergebnissen.

So geht's

1. Die Teilnehmer schneiden das Geschenkpapier in Stücke. Das können Quadrate, Rechtecke oder Dreiecke sein. Die Form darf sich ruhig abwechseln. Wichtig ist nur, dass die Papierstücke immer kleiner werden.
2. Die Papierstücke in der Mitte einmal mit der Nadel vorstechen und von groß nach klein auf den Schaschlikspieß fädeln. Zwischen den Papieren immer etwas Luft lassen. Als Abschluss zwei Sterne um den Schaschlikspieß kleben.

TIPP
Wenn Sie für diese Variante Geschenkpapier von der Rolle verwenden, sollten Sie es bei leichter bis mittlerer Hitze mit dem Bügeleisen glätten, damit es sich nicht mehr einrollt.

29 Frostige Gesellen

Technik
Malen, Kleben, Schneiden, Binden

Schwierigkeitsgrad
einfach

Gruppengröße
10 Personen

Thema

Schneemänner gehören einfach zum Winter dazu. Alle kennen sie aus der Kindheit. Hier werden die lustigen Gesellen aus Holz gebastelt. Eine schöne Deko für den Eingangsbereich, aber auch auf Tisch und Fensterbank.

Vorbereitung

Sägen Sie die Holzpfähle auf die passende Größe (12 cm) und glätten Sie die Kanten etwas mit Schleifpapier. Außerdem können Sie den Jersey bereits zuschneiden (20 cm × 14 cm).

*Materialien und Werkzeuge pro Teilnehmer*in*

- Holzpfahl, ø 6–7 cm, ca. 12 cm hoch
- Acrylfarbe in Weiß
- Pinsel
- 6 Knöpfe in Schwarz, ø 1–1,5 cm
- Tonkarton in Orange
- Schere
- Klebstoff
- Jersey in Rot, 20 cm × 14 cm
- Wolle in Rot

So geht's

1. Die Teilnehmenden malen zunächst den Holzpfahl weiß an. Die Farbe anschließend trocknen lassen.
2. In der Zwischenzeit wird aus dem Jersey eine Mütze gebastelt. Dazu kleben die Teilnehmenden den Jersey an den 14 cm langen Kanten zu einem Ring zusammen.
3. Nach dem Trocknen die untere Kante etwas nach außen einrollen, die obere Kante mit der Wolle abbinden. Die fertige Mütze dem Holzpfahl aufsetzen.
4. Nun aus dem Tonkarton aus freier Hand eine Rübennase ausschneiden. (Wer unsicher ist, kann sie mit Bleistift vorzeichnen – hier können Sie bei Bedarf unterstützen.)
5. Die Nase und die Knöpfe aufkleben, sodass der Schneemann ein Gesicht bekommt. Schon ist der frostige Geselle fertig.

Variante

Statt des Holzpfahls können Sie auch ein **Glas mit Schraubdeckel** als Schneemann gestalten. Das Glas kann mit einem LED-Teelicht beleuchtet werden. Aber auch als Geschenkverpackung kommt es toll an.

So geht's

1. Das Glas rundum mit weißer Farbe bemalen oder die Farbe mit einem Schwämmchen auftupfen. Das geht noch leichter.
2. Nach dem Trocknen eine zweite Farbschicht auftragen, damit der Anstrich gleichmäßig decken wird. Erneut trocknen lassen.
3. Wie zuvor beschrieben, die Mütze anfertigen und aufsetzen und das Gesicht mit den Knöpfen und der Nase gestalten.

TIPP
Das Gesicht des Schneemanns kann natürlich auch einfach aufgemalt werden.

30 Zapfen-Wichtel

Technik
Malen, Schneiden, Kleben

Schwierigkeitsgrad
schwer

Gruppengröße
6 Personen

Thema

Fichtenzapfen – vielleicht selbst gesammelt auf einem Spaziergang – werden zu kleinen Weihnachtswichteln. Die kleinen Wichtel sind gute Geister und sehen schön an einem grünen Zweig oder Tannenbaum aus.

Vorbereitung

Erstellen Sie mithilfe der Vorlage (⇩ siehe Seite 141 ff.) eine Pappschablone für die Mützenteile oder schneiden Sie den Filz bereits zu. Halbieren Sie mit einem scharfen Küchenmesser die Holzperlen.

*Materialien und Werkzeuge pro Teilnehmer*in*

- Wattekugel, ø 4 cm
- Fichtenzapfen
- Schaschlikspieß
- Bastelfilz in Natur und Weiß
- Schafwolle in Natur
- halbierte Holzperlen in Natur, ø 1,2 mm
- Acrylfarbe in Hautfarbe
- Pinsel
- Schere
- Bleistift
- ggf. Chenilledraht (Pfeifenputzer) in Braun und 2 Holzperlen in Natur

Werkzeug für die Betreuungskraft

- Heißklebepistole

So geht's

1. Zuerst stecken die Teilnehmenden die Wattekugel auf den Schaschlikspieß und malen sie an. Zum Trocknen z. B. in ein Glas stellen.
2. Mithilfe der Pappschablonen zeichnen die Teilnehmenden auf dem naturfarbenen Bastelfilz die Mütze und auf dem weißen Bastelfilz die Krempe an und schneiden diese aus. Die Mütze an den geraden Kanten zusammenkleben und die Krempe aufkleben. Trocknen lassen.
3. Etwas Schafwolle mit den Händen vorformen und als Bart und Haare auf die Wattekugel kleben. Die halbierte Holzperle wird zur Nase. Die Mütze aufkleben.
4. Kleben Sie für die Teilnehmenden nun den Kopf mit dem Heißkleber oben auf den Zapfen.
5. Nach Wunsch können die Teilnehmenden nun entweder aus Bastelfilz einen Schal (2 cm × 25 cm) zuschneiden und dem Wichtel umbinden. Oder der Wichtel bekommt Arme. Dazu den Chenilledraht doppelt legen und verdrehen. An den Enden eine Perle aufkleben und den Chenilledraht oben um den Zapfen wickeln.

31 Flammende Holzscheit-Kerzen

Technik
Schneiden, Kleben, Stecken, Binden

Schwierigkeitsgrad
einfach

Gruppengröße
10 Personen

Thema

Dekorationen aus Holz sind sehr beliebt. Bei vielen werden dabei vielleicht auch Erinnerungen an früher wach, als noch mit Holzöfen geheizt wurde. Hier wird Anzündholz in dekorative Kerzen verwandelt.

Vorbereitung

Erstellen Sie mithilfe der Vorlage (⇩ siehe Seite 141 ff.) Pappschablonen für die Kerzenflamme. Bohren Sie außerdem die Löcher zum Einstecken der Flammen bereits vor. Am besten geht dies, wenn sie die Holzscheite dazu in eine Werkbank einspannen. Die Größe des Loches so wählen, dass ein Zahnstocher leicht eingesteckt werden kann.

*Materialien und Werkzeuge pro Teilnehmer*in*

- Anzündholz, ca. 15 cm lang
- Zahnstocher
- Tonpapier in drei Gelbtönen
- Bleistift
- Schere
- Klebstoff
- Bastelfilz
- Lineal

Material für die Betreuungskraft

- Bohrer

So geht's

1. Mithilfe der Schablonen zeichnen die Teilnehmenden die einzelnen Teile für die Flamme mit Bleistift auf den Tonpapieren an: die große Flamme auf dunkelgelb, die mittelgroße Flamme auf gelb und die kleine Flamme auf hellgelb. Jedes Teil wird 2-mal benötigt. Alle Teile ausschneiden.
2. Jeweils eine kleine, eine mittlere und eine große Flamme aufeinanderkleben, dann beide Flammen Rücken an Rücken aufeinanderkleben. Dabei den Zahnstocher als Docht einkleben.
3. Den Zahnstocher auf die passende Länge kürzen und in das vorgebohrte Loch am oberen Ende des Anzündholzes kleben.
4. Zuletzt schneiden die Teilnehmenden einen Filzstreifen zu. Er sollte etwa 3 cm × 35 cm groß sein. Den Filzstreifen um die Kerze binden und die Enden nach Belieben fransig einschneiden.

TIPP

Die Kerzen sehen in kleinen Gruppen besonders schön aus. Statt Anzündholz können auch dicke, runde Äste verwendet werden. Oder Sie vergrößern die Vorlage für die Kerzenflamme und verwenden große Holzscheite.

32 Immergrünes Bäumchen

Technik
Binden, Schneiden, Kleben

Schwierigkeitsgrad
mittel

Gruppengröße
8 Personen

Thema

Aus duftenden, grünen Tannenzweigen werden kleine Weihnachtsbäume mit lustigen Mützen gefertigt. Als Dekoration auf dem Tisch ein schöner Blickfang.

Vorbereitung

Schneiden Sie die Reisige auf die passende Größe (10-15 cm lang) und fertigen Sie aus dünner Pappe mithilfe der Vorlage (siehe Seite 141 ff.) eine Schablone für die Mütze an.

*Materialien und Werkzeuge pro Teilnehmer*in*

- Tannenreisig
- Ast, ø 2 cm, 25 cm lang
- feine Kieselsteine
- kleines Gefäß, z. B. Backförmchen aus Papier, oder Blumentopf, ø ca. 7 cm
- Bastelfilz in Rot
- Pompon in Weiß, ø 2 cm
- Bindedraht
- Klebstoff
- Schere
- Bleistift

Werkzeuge für die Betreuungskraft

- Gartenschere
- Heißklebepistole

So geht's

1. Den Draht oben um den Ast wickeln, damit er etwas fixiert wird. Dann rundum Reisig am oberen Ende des Astes anlegen und mit dem Draht umwickeln. Die Spitzen der Zweige zeigen zum unteren Ende des Astes.
2. So viele Runden Reisig anlegen und umwickeln, bis ein gleichmäßiges und dichtes Bäumchen entstanden ist.
3. Den Draht abschneiden und das Ende in den Wicklungen „vernähen", damit es fixiert wird. Gehen Sie den Teilnehmenden bei diesem Schritt bei Bedarf etwas zur Hand.
4. Das Bäumchen in das kleine Gefäß stellen und mit Heißkleber festkleben. Das Gefäß mit den Kieselsteinen auffüllen.
5. Die Mütze mithilfe der Schablone auf dem Bastelfilz anzeichnen und ausschneiden. An den geraden Kanten zusammenkleben und dem Bäumchen aufsetzen. Zuletzt den Pompon an die Spitze der Mütze kleben.

Variante Abgewandelt wird aus dem Bäumchen eine schnelle, weihnachtliche Tischdekoration aus **immergrünen Tannenzweigen**.

So geht's

1. Die Teilnehmenden nehmen ein paar etwa gleich lange Tannenzweige in die Hand und legen sie so zusammen, dass immer die schöne Seite der Nadeln nach außen zeigt. Dann die Zweige am dicken Ende mit etwas Draht zusammenbinden.
2. Die Spitzen der Zweige auffächern und bei Bedarf mit der Schere auf eine Länge schneiden, damit das Bäumchen gut steht.
3. Am oberen Ende etwas Kordel um die Zweige wickeln, eine kleine Weihnachtskugel auffädeln und festknoten.

33 Festliche Anhänger aus Salzteig

Technik
Kneten, Ausrollen, Ausstechen, Stempeln, Malen

Schwierigkeitsgrad
einfach

Gruppengröße
8 Personen

HINWEIS
Für die Fertigstellung der Anhänger benötigen Sie einen zweiten Termin.

Thema Aus Salzteig werden dekorative Anhänger für den Weihnachtsbaum gefertigt. Mit den Anhängern kann gemeinsam ein Baum geschmückt werden.

Vorbereitung Wenn die Teilnehmenden fit sind, können Sie den Salzteig in der Bastelstunde gemeinsam herstellen. Ansonsten bereiten Sie ihn vor.

Materialien und Werkzeuge pro Teilnehmer*in

- Salzteig (siehe „Grundanleitung für Salzteig“ unten)
- Teigrolle oder runder Gegenstand zum Ausrollen
- Ausstechformen
- Stempel oder grobe Spitze
- Trinkhalm
- dünnes Dekoband
- Schere
- Acrylfarbe
- Schwämmchen oder Wattepads
- ggf. Klarlack

Materialien für die Betreuungskraft

- mit Backpapier ausgelegtes Backblech und ggf. Backofen
- Stift

Grundanleitung für Salzteig

Mischen Sie Weizenmehl (Typ 405), Salz und Wasser im Verhältnis 2:1:1 in einer Schüssel und kneten Sie alles gut mit den Händen durch, bis ein glatter Teig entstanden ist. Wenn der Teig klebrig ist, noch etwas Mehl zugeben. Bröselt der Teig, braucht er noch etwas Wasser.

Nun kann der Teig weiterverarbeitet werden. Folgen Sie dazu der Anleitung des jeweiligen Bastelprojekts. Anschließend muss der Salzteig trocknen. Dies dauert, je nach Dicke des Teiges, etwa ein bis drei Tage. Legen Sie die Salzteigwerke dazu auf ein mit Backpapier ausgelegtes Backblech und stellen Sie dieses an einen warmen, trockenen Ort.

Sie können das Trocknen beschleunigen, indem Sie die Salzteigwerke in den Backofen stellen. Den Backofen auf 100 Grad aufheizen (bitte nicht höher, der Teig darf nicht backen!) und die Salzteigwerke darin, je nach Dicke des Teiges, mindestens eine Stunde trocknen. Anschließend die Salzteigwerke auf dem Backblech auskühlen lassen.

Der getrocknete Salzteig ist aufgrund seines hohen Salzgehalts sehr haltbar. Damit er keine Feuchtigkeit aufnimmt, kann er abschließend zusätzlich mit Klarlack überzogen werden.

So geht's

1. Die Teilnehmenden kneten den Salzteig noch einmal gut durch und rollen ihn dann etwa 1 cm dick aus.
2. Nun wird die Oberfläche des ausgerollten Salzteigs gestaltet. Dazu können die Teilnehmenden nach Belieben Stempelmotive in den Salzteig drücken. Oder die Teilnehmenden legen ein Stück Spitze auf und drücken dieses vorsichtig mit der Teigrolle oder mit den flachen Händen in den Teig. Anschließend die Spitze entfernen.
3. Einzelne Formen mit den Ausstechern aus dem Teig ausstechen und den überschüssigen Teig entfernen.
4. Damit die Salzteigfiguren später aufgehängt werden können, oben mit dem Trinkhalm ein Loch in den Teig stechen.
5. Die Ausstecher auf ein mit Backpapier ausgelegtes Backblech legen und, wie in der Grundanleitung beschrieben, trocknen lassen.
6. Bei einem **zweiten Termin** können die Teilnehmenden ihre Anhänger mit Farbe verzieren. Dazu wird die Farbe vorsichtig mit dem Schwämmchen oder den Wattepads aufgetupft. Die Vertiefungen sollen unbemalt bleiben, damit das Motiv hervorgehoben wird.
7. Nach dem Trocknen der Farbe die Anhänger nach Wunsch mit Klarlack versiegeln und nach erneutem Trocknen mit etwas Dekoband aufhängen.

TIPP
Beschriften Sie die Modelle auf dem Backpapier mit den Namen der Teilnehmenden, dann können Sie die Modelle beim Folgetermin wieder richtig zuordnen.

34 Strahlende Sterne

Technik
Falten, Kleben

Schwierigkeitsgrad
schwer

Gruppengröße
6 Personen

Thema Aus Papier entstehen schöne dreidimensionale Sterne, mit denen der Raum oder die Fenster geschmückt werden können.

Vorbereitung Schneiden Sie die Papierquadrate (20 cm × 20 cm) für die Sterne zu.

*Materialien und Werkzeuge pro Teilnehmer*in*

- 2 Papierquadrate, 20 cm × 20 cm
- Klebstoff
- Schere

So geht's

1. Das Papierquadrat mit der schönen Seite nach oben auf den Tisch legen. Dann die untere Kante auf die obere Kante falten und wieder öffnen.
2. Das Papier um 90 Grad drehen, wieder die untere Kante auf die obere falten und wieder öffnen. Das Papier ist nun kreuzweise gefaltet.

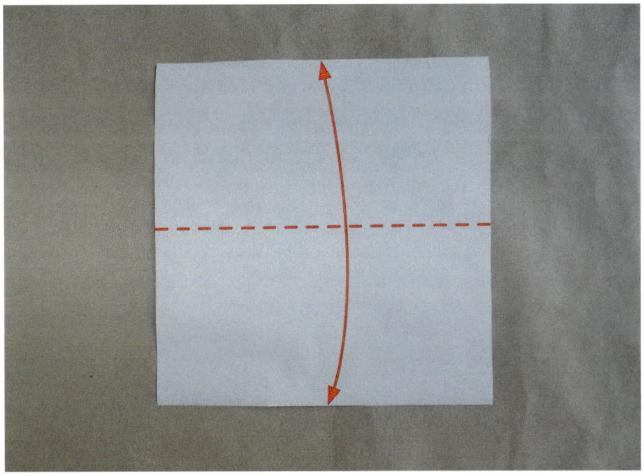

Step 1

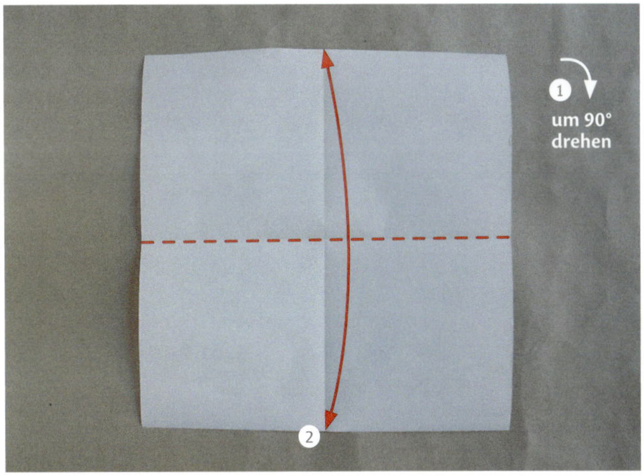

Step 2

3. Das Papier wenden, sodass nun die Rückseite nach oben zeigt. Dann das Quadrat um 45 Grad drehen, sodass es auf der Spitze steht. Die untere Spitze auf die obere falten und wieder öffnen.

4. Das Papier um 90 Grad drehen. Nochmals die untere Spitze auf die obere falten und wieder öffnen. Das Papier ist nun auch diagonal kreuzweise gefaltet.

5. Die Kanten an jeder Spitze bis zur diagonalen Faltlinie einschlagen und bis zum Kreuzungspunkt mit den Faltlinien aus den Schritten 1 und 2 glatt streichen. Wieder öffnen.

6. Das Papier an allen vier Kanten bis zum Kreuzungspunkt aus dem letzten Schritt einschneiden.

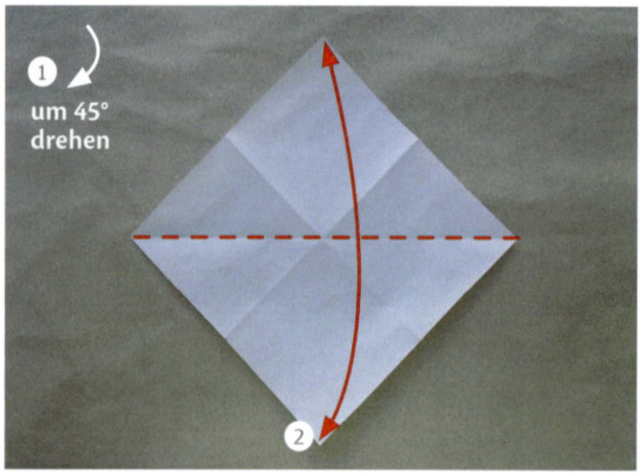

Step 3

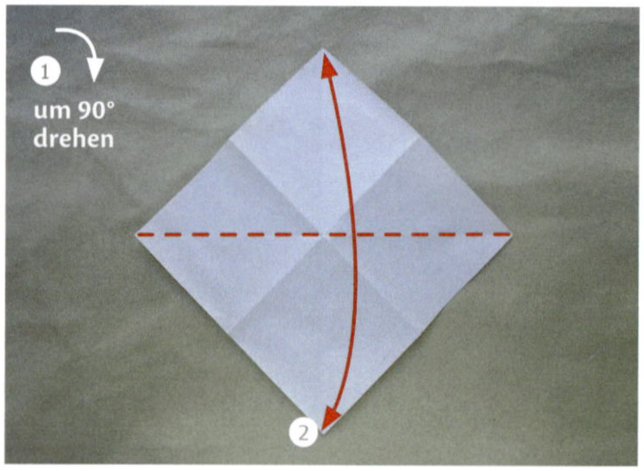

Step 4

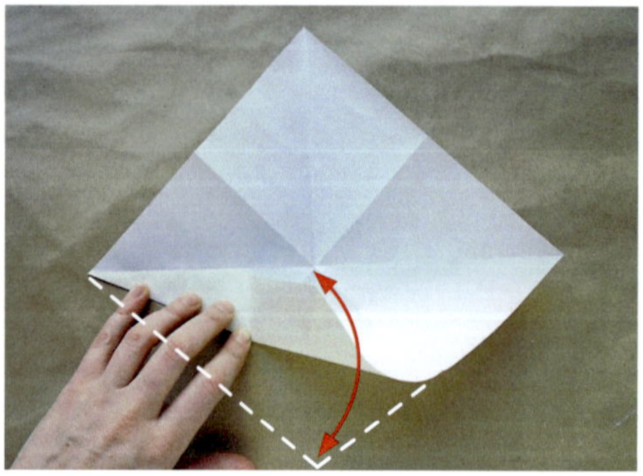

Step 5

Step 6

7. Die eingeschnittenen Kanten wieder zur diagonalen Faltlinie falten, sodass insgesamt vier Sternspitzen entstehen.

8. Jeweils eine Hälfte der Sternspitzen mit Klebstoff bestreichen.

9. Dann die beiden Hälften aufeinanderkleben, sodass eine dreidimensionale Sternspitze entsteht. Mit den übrigen Sternspitzen wiederholen.

10. Die erste Hälfte des Sterns ist fertig. Nun das zweite Papier ebenso falten und kleben.

Step 7

Step 8

Step 9

Step 10

11. Damit der Klebstoff an der richtigen Stelle aufgetragen wird, die Sterne zuerst probehalber aufeinanderlegen. Zum Schluss beide Sterne mit der flachen Seite versetzt aufeinanderkleben. Unterstützen Sie die Teilnehmenden bei diesem Schritt.

TIPP
Die Sterne einige Zeit in der Mitte andrücken, damit sie sich gut verbinden.

Step 11

Variante Mit der gezeigten Grundfaltung können auch flache Sterne gebastelt werden. Diese funktionieren ganz einfach.

So geht's

1. Beide Papierquadrate, wie zuvor in Schritt 1 bis Schritt 7 gezeigt, falten.

2. Die Sterne wenden, sodass die schöne Seite nach oben zeigt, und versetzt aufeinanderkleben. Fertig!

35 Bäumchen aus Korken

Technik
Kleben, Malen, Binden

Schwierigkeitsgrad
einfach

Gruppengröße
8 Personen

Thema Aus Weinkorken entstehen kleine Tannenbäume, mit denen der Tisch oder die Fensterbank geschmückt werden kann. Ein tolles Upcycling-Projekt.

Vorbereitung Schneiden Sie die Weinkorken mit einem Messer auf eine einheitliche Länge, damit sie besser zueinander passen und zusammengefügt werden können.

*Materialien und Werkzeuge pro Teilnehmer*in*

- 11 Weinkorken
- Express-Holzleim oder Bastelkleber
- Acrylfarbe
- Pinsel
- Dekoband, 50 cm lang

Werkzeug für die Betreuungskraft

- Küchenmesser

So geht's

1. Die Teilnehmenden beginnen an der Spitze des Baumes und stellen einen Weinkorken vor sich hin.
2. Dann fügen Sie darunter zwei Weinkorken hinzu, sodass ein Dreieck entsteht. Die Korken zusammenkleben.
3. Für die nächste Reihe darunter werden drei Korken versetzt angefügt. Den Klebstoff etwas trocknen lassen.
4. Die vierte Reihe besteht aus vier Korken. Danach alles gut trocknen lassen, damit das Bäumchen fest zusammenhält.
5. Nun können die Teilnehmenden die runden Flächen der Korken nach Belieben mit Farbe bemalen und verzieren. Die Farbe antrocknen lassen.
6. Das Dekoband um das Bäumchen legen und oben zur Schleife binden. Dann unten den letzten Korken als Baumstamm aufkleben. Schneiden Sie den Teilnehmenden dafür mit dem Messer ein etwa 1 cm dickes Stück vom Korken ab. Gut trocknen lassen.

Variante Das Formenlegen mit den Korken kann sehr viel Spaß machen. Geben Sie den Teilnehmenden nach Wunsch Raum, um **selbst kreativ** zu werden. Das Bäumchen und der im Folgenden gezeigte Stern sind nur zwei von vielen Varianten, die dabei entstehen können.

So geht's

1. Schneiden Sie die Korken vorab mit dem Küchenmesser in etwa 2 cm breite Stücke.
2. Zuerst legen die Teilnehmenden mit den Korken ein Dreieck, das aus sechs Korken besteht: drei Korken als Basis, zwei Korken als Mitte und ein Korken als Spitze. Damit ist die erste Sternzacke fertig.
3. Nun am rechten unteren Korken der Basis im leichten Winkel zwei weitere Korken anlegen. Sie bilden die Basis für das nächste Dreieck. Dann über der Basis wieder zwei Korken als Mitte und einen Korken als Spitze anlegen.
4. So fortfahren, bis vier Sternzacken gelegt sind. Mit einem weiteren Korken die erste und vierte Sternzacke an der Basis verbinden. Dadurch entsteht die fünfte Basis und die letzte Sternspitze kann gelegt werden.

5. Bei Bedarf die Position der einzelnen Korken noch etwas korrigieren, dann Stück für Stück vorgehen und die Korken zusammenkleben.
6. Nach dem Trocknen die Korken nach Wunsch bemalen.

36 Engel im Faltenrock

Technik
Falten, Kleben

Schwierigkeitsgrad
mittel

Gruppengröße
8 Personen

Thema Aus zwei quadratischen Papieren werden weihnachtliche Engel gefaltet – für den Baum, die Tischdeko oder fürs Fenster.

Vorbereitung Schneiden Sie für jede teilnehmende Person zwei Papierquadrate (15 cm × 15 cm) zu.

*Materialien und Werkzeuge pro Teilnehmer*in*

- 2 Faltpapiere oder dünnes Papier, 15 cm × 15 cm
- Wattekugel, ø 2,5 cm
- Garn
- Klebstoff
- Schere
- stumpfe Sticknadel

So geht's

1. Zuerst werden die beiden Papierquadrate ziehharmonikaartig gefaltet. Dazu falten die Teilnehmenden die untere Kante fingerbreit nach oben. Das Papier wenden und die untere Kante wieder fingerbreit nach oben falten. So fortfahren, bis das obere Ende erreicht ist.
2. Die gefalteten Papierstapel 6 cm von einem Ende entfernt knicken, sodass die Flügel entstehen. Entlang der übrigen Kante zusammenkleben, sodass das Kleid entsteht. Dabei ein Stück Garn einlegen.
3. Wer mag, kann Muster in den Rocksaum oder in die Flügel machen. Dazu z. B. kleine Dreiecke in die gefalteten Kanten schneiden.
4. Die untere Kante der Flügel seitlich an das Kleid kleben. Die Flügel und das Kleid auffächern.
5. Das Garn mit der Sticknadel durch die Wattekugel ziehen, damit der Engel einen Kopf bekommt. Fertig.

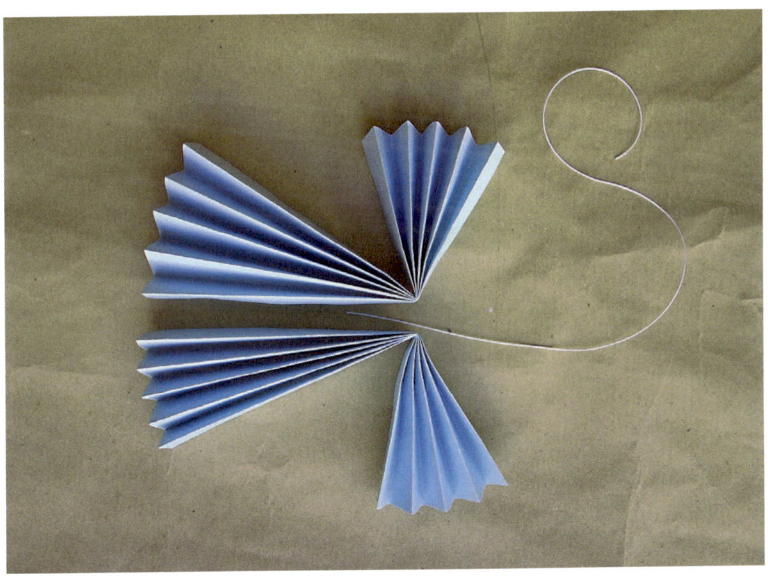

Step 2

Seite 118
Seite 130

Rund ums Jahr
Seite 132

37 Blumenvasen im bunten Gewand

Technik
Kleben, Binden, Wickeln

Schwierigkeitsgrad
mittel

Gruppengröße
8 Personen

Thema Die bunten Farben des Sommers werden mit verschiedensten Materialien, wie Papier, Wolle oder Bändern, eingefangen. Daraus entstehen fröhliche Blumenvasen. Upcycling von seiner schönsten Seite.

Vorbereitung keine

*Materialien und Werkzeuge pro Teilnehmer*in*

- kleine Glasflasche, z. B. leere Smoothie- oder Soßenflasche
- Papierstreifen, Dekobänder, Stoffstreifen, Dekoklebeband aus Papier, Wolle etc.
- Alleskleber
- Blumen
- Schere

Werkzeug für die Betreuungskraft

- Heißklebepistole

So geht's

1. Die Teilnehmenden stellen sich eine bunte Mischung aus Materialien zusammen, mit denen sie ihre Vase gestalten möchten. Stoffstreifen, Papierstreifen, Papierklebeband, Dekobänder, Wolle – alles kann miteinander kombiniert werden.
2. Die Flaschen nach Lust und Laune mit den ausgewählten Materialien bekleben. Dazu die Bänder und Streifen mit 1 cm Zugabe zuschneiden und überlappend auf die Flasche kleben. Die „Naht" sollte immer an derselben Seite der Flasche sein.
3. Den Klebstoff trocknen lassen, Wasser einfüllen und Blumen in die Vase stellen.

TIPP
An kniffligen Stellen können Sie mit der Heißklebepistole beim Aufkleben helfen.

38 Papierkugeln zum Staunen

Technik
Falten, Tackern

Schwierigkeitsgrad
mittel

Gruppengröße
6 Personen

Thema Aus Papierkreisen entsteht eine dekorative Kugel, die als Tischdeko, Aufhänger oder Fensterdeko eingesetzt werden kann.

Vorbereitung Schneiden Sie pro teilnehmender Person 20 Papierkreise mit 10 cm Durchmesser aus festem Papier (z. B. Motivkarton oder Tonpapier) zu. Außerdem fertigen Sie für jede Person mithilfe der Vorlage (⬇ siehe Seite 141 ff.) aus dünner Pappe eine Faltschablone an.

*Materialien und Werkzeuge pro Teilnehmer*in*

- 20 Papierkreise, ø 10 cm
- Tacker
- Faden zum Aufhängen

So geht's

1. Zuerst werden die Kreise gefaltet. Dazu legen die Teilnehmenden die dreieckige Faltschablone mittig auf einen Kreis und falten anschließend die drei überstehenden Rundungen nach innen. Dabei das Papier an der Kante der Schablone umfalten.
2. Die nach innen gefalteten Rundungen wieder öffnen und die Faltschablone entfernen. Dann mit den restlichen 19 Kreisen ebenso verfahren.

TIPP
Wenn Sie einen Kreisschneider haben, können Sie die Papierkreise ganz einfach aus festem Papier oder Tonpapier zuschneiden. Alternativ können Sie runde Moderationskarten mit 10 cm Durchmesser verwenden.

Step 1

Step 2

3. Nun zwei Kreise mit einer gefalteten Rundung aneinanderlegen und mit zwei Tackerklammern verbinden.

4. Einen weiteren Kreis anlegen und festtackern. So fortfahren, bis fünf Kreise miteinander verbunden sind. Den letzten und ersten Kreis verbinden, sodass eine Halbkugel entsteht. Auf die gleiche Weise ein zweite fertigen.

5. Für die Mitte aus den restlichen zehn Kreisen einen Ring fertigen. Dazu wieder die Kreise mit dem Tacker verbinden, dieses Mal aber immer die Richtung der Dreiecke abwechseln: einmal zeigt die Spitze nach oben, einmal nach unten usw.

6. Den ersten und zehnten Kreis miteinander verbinden. Dabei einen Faden mit festtackern, damit die Kugel später aufgehängt werden kann.

Step 3

Step 4

Step 5

Step 6

7. Nun werden der Ring und die zwei Halbkugeln zusammengesetzt. Dazu den Ring auf die Arbeitsfläche legen und die erste Halbkugel auflegen. Beide Teile rundum an den gefalteten Rundungen mit dem Tacker verbinden.

8. Die so gefertigte Teilkugel umdrehen, sodass die Öffnung wieder nach oben zeigt.

9. Die zweite Halbkugel auf die Öffnung legen und wie zuvor beide Teile rundum mit dem Tacker verbinden. Fertig ist die dekorative Kugel.

Step 7

Step 8

TIPP

Unterstützen Sie die Teilnehmenden bei Bedarf beim Tackern. Alternativ kann die Kugel auch mit Klebstoff zusammengebaut werden. Fixieren Sie die Verbindungsstellen mit Wäscheklammern, damit keine langen Wartezeiten entstehen.

Step 9

39 Pompon-Kaktus

Technik
Pompon wickeln, Schneiden, Kleben

Schwierigkeitsgrad
einfach

Gruppengröße
8 Personen

Thema

Viele kennen Pompons aus ihrer Kindheit. Hier werden daraus kleine Kakteen gestaltet.

Vorbereitung

Fertigen Sie mithilfe der Vorlage (siehe Seite 141 ff.) Pappschablonen für die Pompons an. Jede teilnehmende Person benötigt zwei große und zwei kleine Schablonen.

*Materialien und Werkzeuge pro Teilnehmer*in*

- dicke Wolle aus Kunstfaser in Grün
- Backförmchen aus Pappe
- Packpapier
- kleine Papier- oder Kunstblumen
- 2 Zahnstocher
- Schere
- Klebstoff

Werkzeug für die Betreuungskraft

- Heißklebepistole

So geht's

1. Die beiden großen Pompon-Schablonen deckungsgleich aufeinanderlegen und einen etwa 20 cm langen Faden zwischen den Schablonen einlegen.
2. Nun die Schablonen mit der grünen Wolle umwickeln, bis die Öffnung in der Mitte ganz mit Wolle ausgefüllt ist.
3. Den Faden abschneiden. Dann den eingelegten Faden um die aufgewickelte Wolle knoten, sodass sie fest zusammengehalten wird.
4. Die aufgewickelte Wolle rundum zwischen den beiden Pappschablonen aufschneiden. Die Pappschablonen entfernen und den Pompon mit der Schere in Form schneiden.
5. Die Schritte 1 bis 4 noch 2-mal mit den kleinen Pompon-Schablonen wiederholen.
6. Die Pompons mit den Zahnstochern zu einem Kaktus zusammensetzen. Dazu die Zahnstocher mit etwas Klebstoff bestreichen und in die Pompons stecken.
7. Das Packpapier knüllen und als Erde in das Backförmchen kleben. Kleben Sie dann den Kaktus für die Teilnehmenden mit Heißkleber auf die Erde. Zuletzt können die Teilnehmenden ihren Kaktus mit Papier- oder Kunstblumen verzieren.

40 Papier-Jo-Jos

Technik
Falten, Kleben

Schwierigkeitsgrad
sehr einfach

Gruppengröße
10 Personen

Thema

Aus Papier entstehen Fächer, die zu einem Kreis zusammengesetzt werden. Die Kreise können am Fenster oder im Raum zur Dekoration aufgehängt werden. Wird statt des Fadens ein Holzstab eingeklebt, können die Jo-Jos auch als Tischdeko eingesetzt werden.

Vorbereitung

Schneiden Sie aus weißem Tonkarton für jede teilnehmende Person zwei Kreise mit 4 cm Durchmesser zu.

*Materialien und Werkzeuge pro Teilnehmer*in*

- 3 Bögen Papier, A4
- 2 Papierkreise in Weiß, ø 4 cm
- Faden zum Aufhängen
- Klebestift

So geht's

1. Zuerst werden die drei Papiere nacheinander ziehharmonikaartig gefaltet. Dazu legen die Teilnehmenden das Papier im Hochformat vor sich hin und falten die untere Kante fingerbreit nach oben. Das Papier wenden, die untere Kante wieder fingerbreit nach oben falten, wieder wenden. So fortfahren, bis das obere Ende erreicht ist und das gesamte Papier zu einem Stapel gefaltet ist.
2. Die gefalteten Papierstapel werden mittig gefaltet und zusammengeklebt, sodass jeweils ein Fächer entsteht.
3. Nun ordnen die Teilnehmenden die drei Fächer zu einem Kreis an und kleben sie zusammen. Dabei zwischen zwei Fächer ein Stück Faden zum Aufhängen einkleben.

4. Zum Schluss werden die Papierkreise auf die Mitte geklebt.

41 Quasten mit nostalgischem Charme

Technik
Wickeln, Knoten, Schneiden, Fädeln

Schwierigkeitsgrad
einfach

Gruppengröße
8 Personen

Thema Mit Quasten lassen sich viele Dinge verschönern – Handtaschen, Türklinken, Fenstergriffe, Vasen, Geschenkverpackungen, Gardinen, Möbelstücke u. v. m. Die Quasten lassen sich wunderbar aus Wollresten fertigen.

Vorbereitung Schneiden Sie aus fester Pappe für jede teilnehmende Person eine Wickelschablone (12 × 8 cm) zu.

*Materialien und Werkzeuge pro Teilnehmer*in*

- feine, glatte Wolle oder Effektgarn
- Schere
- ggf. Perlen

So geht's

1. Die Wolle an den kurzen Seiten um die Pappschablone wickeln, bis ein dickes Bündel entstanden ist. Dann den Faden abschneiden.
2. Ein Stück Faden doppelt legen und an einem Ende der Pappschablone unter dem Bündel durchziehen. Den Faden fest um das Bündel knoten und anschließend die Enden des Fadens miteinander verknoten, sodass eine Aufhängeschlaufe entsteht.
3. Am entgegengesetzten Ende der Pappschablone die Fäden mit der Schere aufschneiden. Die Pappschablone entfernen.
4. Das Bündel etwa 3 cm neben dem ersten Knoten ein weiteres Mal abbinden.
5. Die Quaste etwas aufschütteln und in Form zupfen, dann die Fäden am unteren Ende mit der Schere bei Bedarf begradigen.
6. Nach Wunsch die Quaste mit Perlen dekorieren, die auf einzelne Fäden der Quaste aufgefädelt und mit einem Knoten gesichert werden.

Step 2

42 Dekorative Federn aus Papier

Technik
Kleben, Schneiden

Schwierigkeitsgrad
einfach

Gruppengröße
10 Personen

Thema Aus Papier werden zarte Federn gebastelt, die anschließend aufgehängt oder als Tischdeko hingelegt werden können.

Vorbereitung Fertigen Sie aus dünner Pappe mithilfe der Vorlage (siehe Seite 141 ff.) Schablonen für die Federn an. Außerdem rühren Sie den Tapetenkleister nach Herstellerangabe an.

*Materialien und Werkzeuge pro Teilnehmer*in*

- Geschenk- oder Motivpapier
- Schaschlikspieße
- Schere
- Lineal
- Bleistift
- Pinsel
- Tapetenkleister

So geht's

1. Die Teilnehmenden schneiden zwei etwa 10 cm × 20 cm große Papierstücke zu.
2. Das erste Papierstück auf der Rückseite mit Kleister bestreichen, den Schaschlikspieß so auflegen, dass seine Spitze etwas übersteht, dann das zweite Papierstück mit der Rückseite nach unten auflegen und flach aufstreichen.
3. Während der Kleister trocknet, können die Teilnehmenden weitere Papiere zuschneiden und, wie in Schritt 2 beschrieben, zusammenkleben.
4. Mithilfe der Schablonen zeichnen die Teilnehmenden nun eine Feder auf dem vorbereiteten Papier an. Dabei ist zu beachten, dass die Schablone so aufgelegt wird, dass der Schaschlikspieß mittig darunter liegt und nur am unteren Ende der Feder herausragt.
5. Die Federn ausschneiden und auf beiden Seiten bis kurz vor den Schaschlikspieß schräge Fransen einschneiden. Die Fransen etwas mit der Hand zerzausen, damit die Federn noch lebendiger aussehen.

TIPPS

- Anstatt des Schaschlikspießes kann auch ein Stück festes Garn oder Papierdraht eingelegt werden.
- Tapetenkleister lässt sich flächig mit dem Pinsel auftragen und ist daher besonders geeignet. Alternativ können Sie auch Alleskleber, Bastelkleber oder Klebestift verwenden.

43 Zarte Windlichter

Technik
Falten, Kleben

Schwierigkeitsgrad
mittel

Gruppengröße
8 Personen

Thema

Aus transparentem Papier entstehen schöne Windlichter, mit denen der Tisch dekoriert werden kann. Je nach Jahreszeit kann die Farbe des Papiers variiert werden.

Vorbereitung

Erstellen Sie mithilfe der Vorlage (siehe Seite 141 ff.) eine Pappschablone, damit das Faltpapier zugeschnitten werden kann.

*Materialien und Werkzeuge pro Teilnehmer*in*

- festes Transparentpapier, A5
- Bleistift
- Schere
- Klebestift
- Lineal oder Pappstück mit gerader Kante
- LED-Teelicht

So geht's

1. Zuerst schneiden die Teilnehmenden das Faltpapier zu. Dazu mit der Schablone das Fünfeck auf dem Transparentpapier anzeichnen und ausschneiden.
2. Das Papier mit der linken Seite (spätere Innenseite) nach oben auf den Tisch legen. Das Lineal oder das Pappstück als Falthilfe über Eck auf dem Fünfeck anlegen.

Step 2

3. Die überstehende Ecke über die Falthilfe nach innen falten. Die Falthilfe entfernen, die Faltkante glatt streichen und die Ecke wieder öffnen.
4. Step 2 und Step 3 mit den übrigen vier Ecken wiederholen, bis ein schöner Stern auf dem Fünfeck zu sehen ist.
5. Nun immer zwei Sternspitzen (Ecken) zusammenführen, sodass das Papier dazwischen nach innen gedrückt wird.
6. Das nach innen gedrückte Papier mit den Fingern zusammendrücken. Dadurch entsteht eine Faltkante, die die Mitte zwischen den Sternspitzen (Ecken) markiert.

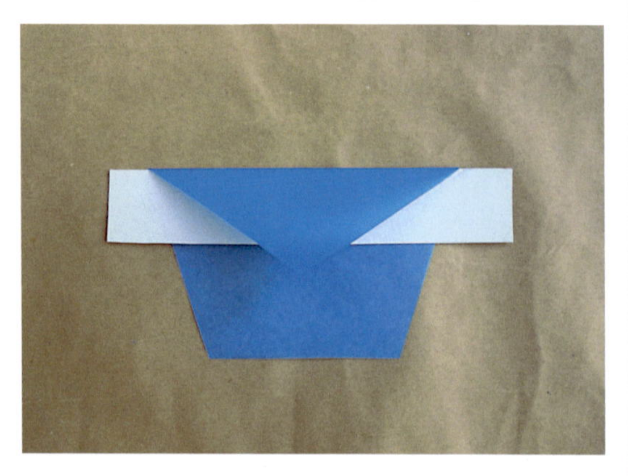

Step 3

Step 4

Step 5

Step 6

7. Mit den anderen Sternspitzen (Ecken) wiederholen, bis sich an jeder Seite des Fünfecks eine Markierung befindet.
8. Das Papier jeweils senkrecht von der Markierung bis zum Stern einschneiden. Dadurch entstehen zwischen den Sternspitzen jeweils zwei Klebelaschen.
9. Jeweils die rechte Klebelasche mit Klebstoff bestreichen.
10. Dann die beiden Laschen bis zur Sternspitze übereinanderlegen und zusammenkleben. LED-Teelicht hineinstellen. Fertig ist das Windlicht.

Step 7

Step 8

Step 9

Step 10

44 Anhänger aus Papierstreifen

Technik
Kleben

Schwierigkeitsgrad
einfach

Gruppengröße
10 Personen

Thema Aus Papierstreifen werden schöne Anhänger gebastelt, mit denen z. B. ein paar Zweige oder ein Fenster geschmückt werden können.

Vorbereitung Schneiden Sie farbiges Schreib- oder Tonpapier in 2 cm breite Streifen. Sie können aber auch bereits fertig zugeschnittene Fröbelstern-Streifen für diese Bastelidee verwenden.

*Materialien und Werkzeuge pro Teilnehmer*in*

- Papierstreifen, 2 cm breit
  - **Herz:** 2 × 20 cm, 2 × 18 cm, 2 × 16 cm und 2 × 14 cm lang
  - **Lampion:** 2 × 20 cm, 2 × 17,5 cm, 2 × 15 cm und 1 × 13,5 cm lang
  - **Tropfen:** je 1 × 20 cm, 17 cm, 14 cm und 11 cm lang
- Klebestift
- 1–2 Wäscheklammern
- Garn

So geht's

Herz

1. Die Papierstreifen an einem Ende bündig aufeinanderkleben – von groß nach klein und klein nach groß. Die 20 cm langen Streifen liegen am Ende außen, die 14 cm langen Streifen in der Mitte. Den Stapel zum Trocknen mit einer Wäscheklammer fixieren.
2. Am gegenüberliegenden Ende den Stapel in zwei Hälften teilen. An jeder Hälfte die Enden der vier Streifen bündig aufeinanderkleben. Dann die Hälften nach innen biegen, sodass ein Herz entsteht und aufeinanderkleben. Dabei einen Faden zum Aufhängen einlegen. Zum Trocknen mit einer Wäscheklammer fixieren.

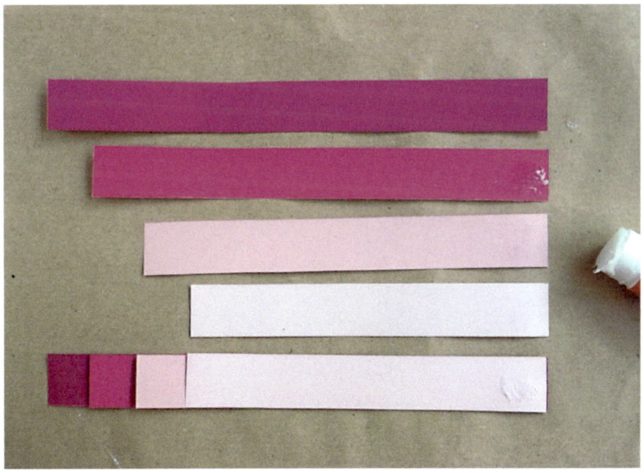

Step 1

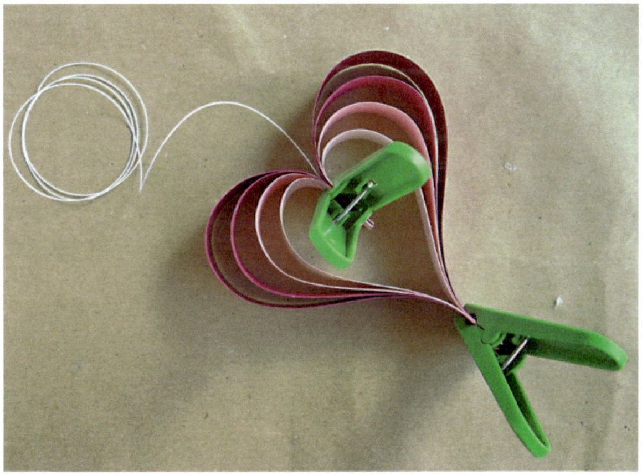

Step 2

Lampion

1. Die Papierstreifen an einem Ende bündig aufeinanderkleben. Dabei von groß nach klein und von klein nach groß vorgehen. Die 20 cm langen Streifen liegen am Ende außen, der 13,5 cm lange Streifen in der Mitte. Zum Trocknen mit einer Wäscheklammer fixieren.
2. Am gegenüberliegenden Ende die Streifen ebenso bündig aufeinanderkleben. Dabei am mittleren Streifen einen Faden zum Aufhängen einlegen. Zum Trocknen mit einer Wäscheklammer fixieren.

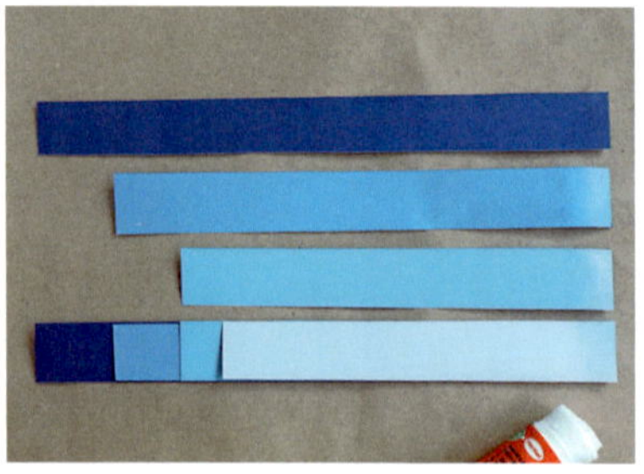

Step 1

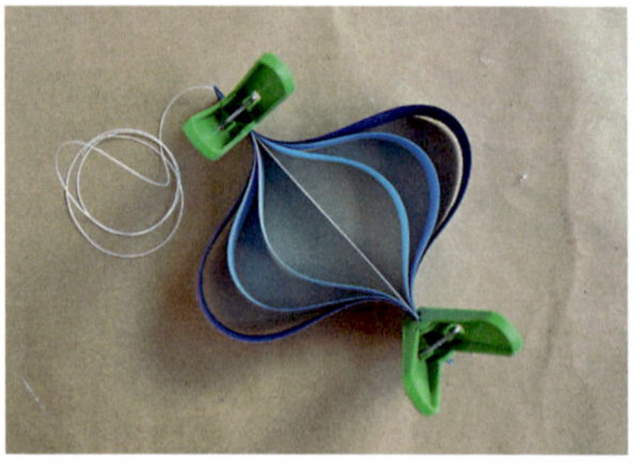

Step 2

Tropfen

1. Die Streifen jeweils zu einem Ring zusammenkleben. Beim größten Streifen dabei einen Faden zum Aufhängen einlegen.
2. Die Ringe an der Verbindungsstelle ineinanderkleben und den Klebstoff trocknen lassen. Dann die Kreise mit den Fingern zusammendrücken, sodass eine Tropfenform entsteht, an deren Spitze sich der Faden befindet.

Step 1

Step 2

Übersicht nach Schwierigkeitsgrad

Sehr einfach

Einfach

Mittel

Schwer

Alphabetische Übersicht

Übersicht der Kopiervorlagen*

1. Tulpengirlande (Seite 16)

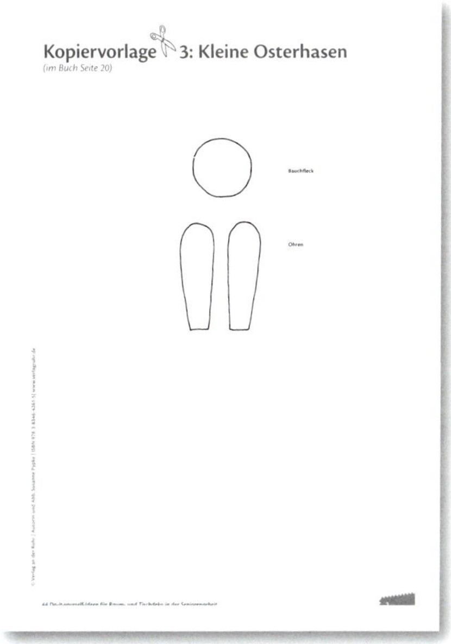

3. Kleine Osterhasen (Seite 20)

4. Filigrane Vögelchen (Seite 22)

5. Niedliche Küken (Seite 25)

6. Frühlingsfrische Blütenpracht (Seite 28)

11. Sommerliche Blüten (Seite 44)

Übersicht der Kopiervorlagen*

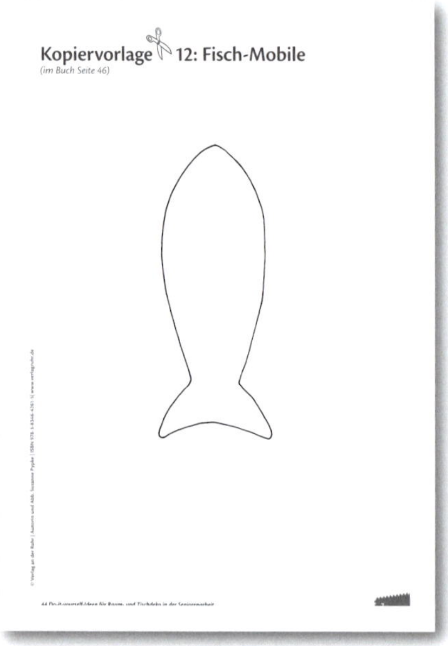

12. Fisch-Mobile (Seite 46)

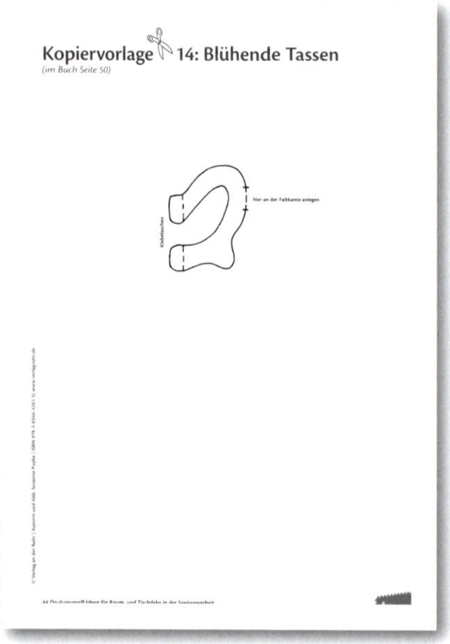

14. Blühende Tassen (Seite 50)

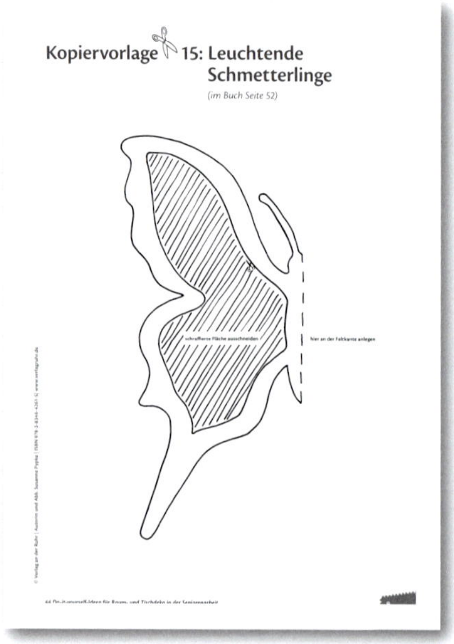

15. Leuchtende Schmetterlinge (Seite 52)

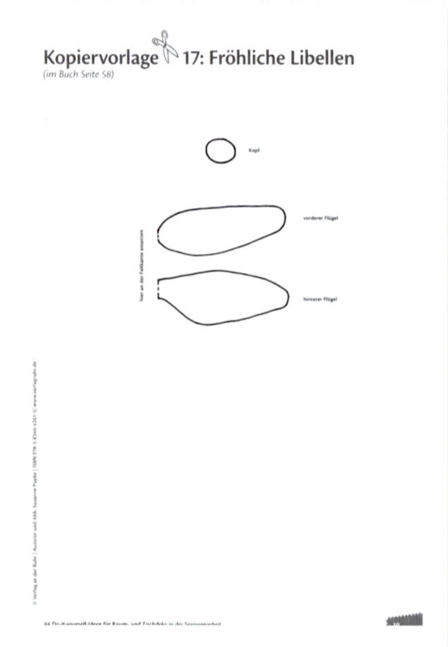

17. Fröhliche Libellen (Seite 58)

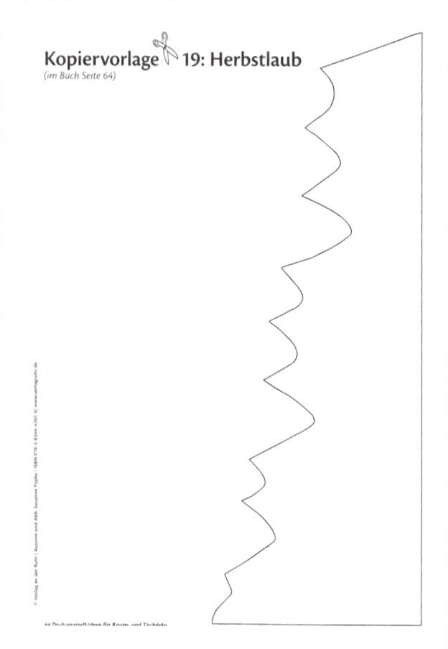

19. Herbstlaub (Seite 64)

20. Zierkürbisse im Stoffkleid (Seite 68)

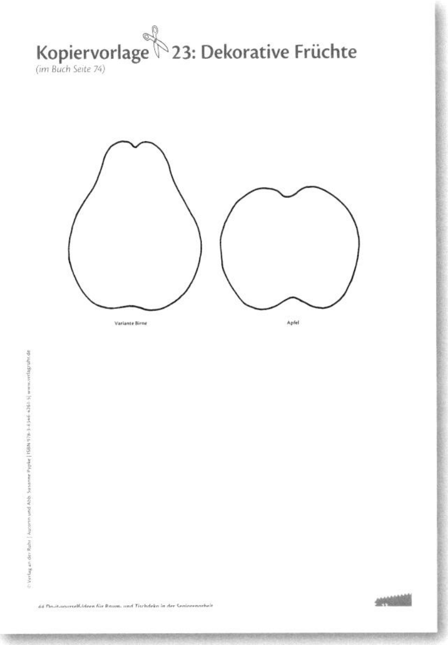

23. Dekorative Früchte (Seite 74)

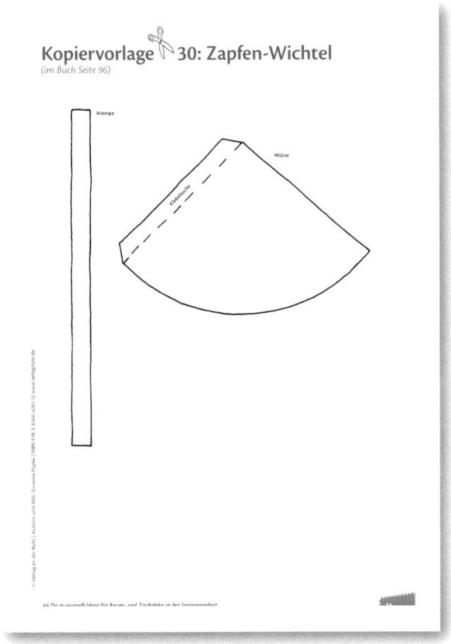

30. Zapfen-Wichtel (Seite 96)

31.Flammende Holzscheit-Kerzen (Seite 98)

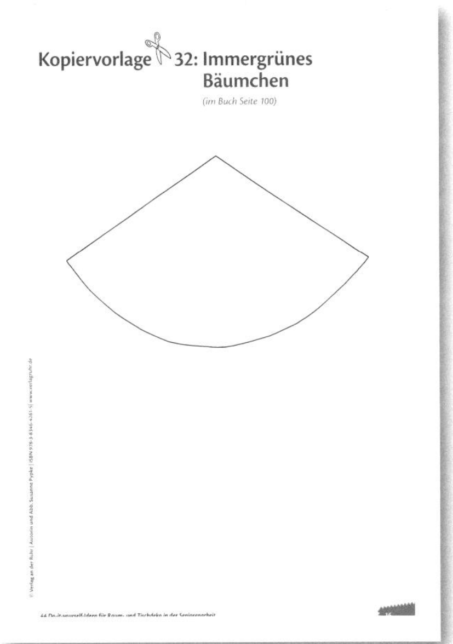

32. Immergrünes Bäumchen (Seite 100)

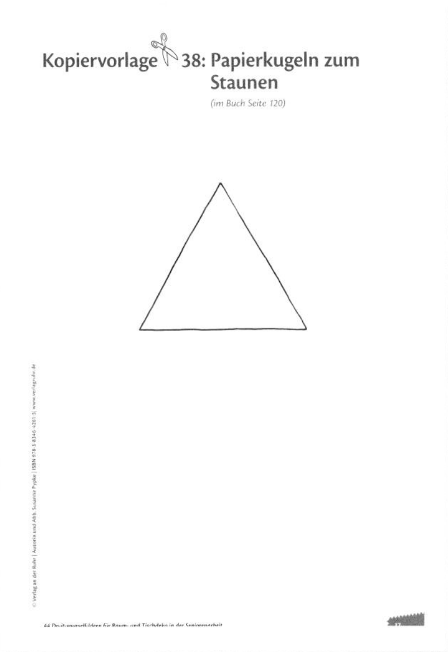

38. Papierkugeln zum Staunen (Seite 120)

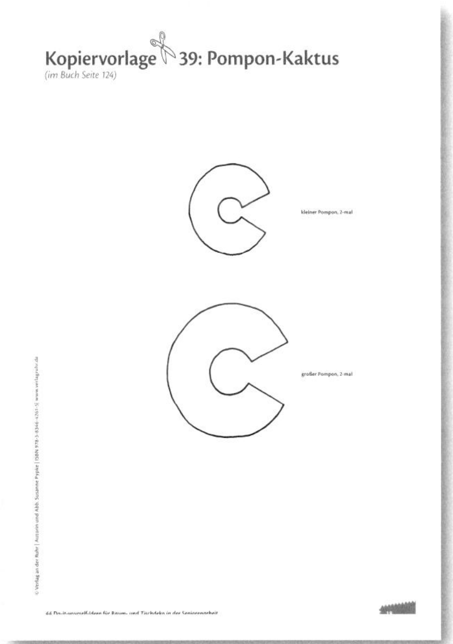

39. Pompon-Kaktus (Seite 124)

Übersicht der Kopiervorlagen*

42. Dekorative Federn aus Papier (Seite 130)

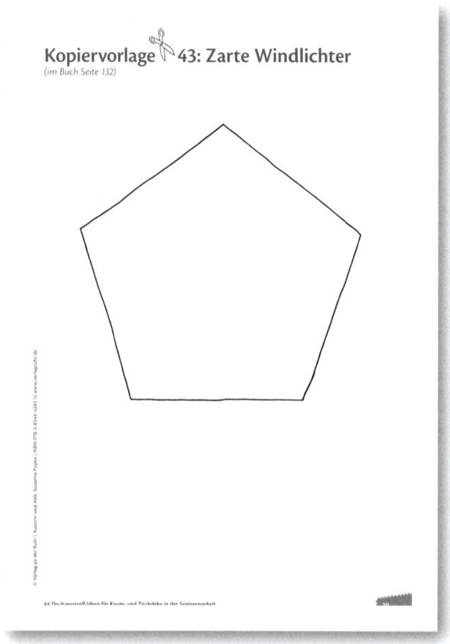

43. Zarte Windlichter (Seite 132)

* Alle Kopiervorlagen zu den Bastelideen können Sie in Originalgröße kostenlos auf der Webseite des Verlags an der Ruhr unter diesem Link abrufen und ausdrucken: **www.verlagruhr.de/zusatzdownloads**

Bildnachweis

alle Bastelergebnisse und Bastelschritte, Motive Kopiervorlagen: © Susanne Pypke

Fotos Kapiteldeckblätter: © Photodesign Marion Ott

Rahmenlayoutelemente: Stoff: © jakkapan – stock.adobe.com; Washi Tape, Schere: © Verlag an der Ruhr

Nadel und Faden (S. 13), Download-Symbol: © Verlag an der Ruhr